Josef Fickler

edition  **paulskirche**

Bibliothek der frühen Demokratinnen
und Demokraten

Herausgegeben von: Jörg Bong, Ina Hartwig,
Helge Malchow, Nils Minkmar, Walid Nakschbandi
und Marina Weisband

Idee und Konzeption: Jörg Bong
Editorische und redaktionelle Leitung:
Rüdiger Dammann
Gestaltung: Kurt Blank-Markard

In Kooperation mit:

STADT FRANKFURT AM MAIN

Josef Fickler

Fort mit den Fürsten: Wir wollen selbst regieren!

Mit einem Vorwort von Dirk Kurbjuweit

1. Auflage 2023

© 2023, Verlag Kiepenheuer & Witsch, Köln
Alle Rechte vorbehalten
Satz: Kurt Blank-Markard
Cover: Porträt Joseph Fickler (1808–1865), um 1850
Landesmedienzentrum Baden-Württemberg, LMZ972042
Gesetzt aus der Adobe Jenson Pro
Druck und Bindung: GGP Media GmbH, Pößneck

ISBN 978-3-462-50008-0

DIE FREIHEIT DES WORTES
Joseph Fickler und sein »Blitzschwert«
Vorwort von Dirk Kurbjuweit

Wie leichtfertig wird heute behauptet, man dürfe dieses oder jenes nicht sagen. Meist geht es um rechtspopulistische Positionen, um ablehnende Haltungen zum Feminismus oder zum Anti-Rassismus. Fast nie ist gemeint, man dürfe etwas nicht ansprechen, weil einen der Staat dann bestrafen würde. Wer heute behauptet, er oder sie dürfe dieses oder jenes nicht sagen, hat in der Regel keine Angst vor dem Staat, sondern vor Gegenwind in einer öffentlichen Diskussion oder schlimmstenfalls vor einem Shitstorm in sozialen Netzwerken.

Auch ein Shitstorm kann unangenehm sein, keine Frage, aber der mächtigste Gegner, den eine Bürgerin oder ein Bürger haben kann, ist der Staat. Wer einen Unterdrückungsstaat gegen sich hat, ist ohne Schutz, denn es ist eine der wichtigsten Aufgaben von Staaten, die Menschen zu beschützen. Wer einen Unterdrückungsstaat gegen sich hat, ist allein, ist Willkür oder harschen Gesetzen ausgeliefert und kann in seinen Freiheiten stark beschränkt werden, bis zum Verlust des Lebens. Das wissen Dissidenten in

China, in Russland, in Iran, in Saudi-Arabien. Das wussten über viele Jahrhunderte auch Deutsche, die nach Freiheit strebten.

Das erlebte Joseph Fickler, geboren 1808, von 1837 bis 1849 Herausgeber der »Seeblätter« in Konstanz, ein Journalist – wie ich. Er lebte im Großherzogtum Baden, einem vergleichsweise milden Unterdrückungsstaat, aber auch hier galt die Zensur. Fickler konnte lange nicht all das schreiben, was er schreiben wollte

Bis dann als Folge der Februarrevolution 1848 in Frankreich die Zensur in Baden aufgehoben wurde. Die Franzosen hatten ihren König verjagt, nun plagte die deutschen Fürsten die Angst, auch sie könne dieses Schicksal ereilen. Schon war die Unruhe über den Rhein gesprungen, breitete sich im Großherzogtum Baden aus. Das Ende der Zensur sollte die rebellischen Geister beschwichtigen.

Kaum ein Text hat mich in den letzten Jahren so bewegt, wie Ficklers Essay zur neuen journalistischen Freiheit in seinen »Seeblättern«. Hier ist ein Auszug:

»Unendlich erleichternd auch für uns, die wir zwölf Jahre lang alle Pein und Schmach, alle Bedrückung und Entwürdigung der Zensur getragen. – Werden wir befähigt sein, ferner unsere Stimme zu erheben unter den erhabenen Geistern, welche jetzt ihre Tätigkeit einer freien Presse zuwenden werden? Ist unser Geist nicht entnervt unter dem Druck von mehr als einem Dutzend Gedankentötern (Zensoren)? Werden wir das gerade, männliche, freie Wort wieder finden, da wir fast ein halbes Menschenalter nur darauf sinnen mussten, ein bisschen Wahrheit in verzwickten und verkrüppelten Redensarten an das Tageslicht zu fördern?

All diese Fragen treten uns in den Weg, da wir die ersten Zeilen in ein freies Blatt in unserer engeren Heimat niederlegen. Wir wagen nicht zu entscheiden, ob wir sie unbedingt bejahen dürfen, aber wir haben den Mut, uns daran zu versuchen.«

Diesen Absatz würde ich am liebsten auswendig lernen und ständig mit mir tragen. Kraftvoll drückt er aus, wie schrecklich es ist, unter einer Zensur zu leben: Pein, Schmach, Bedrückung, Entwürdigung, verzwickte und verkrüppelte Redensarten, um ein bisschen Wahrheit ans Tageslicht zu fördern. Ficklers Worte zeigen auch, wie schwer es ist, sich umzustellen auf die neue Freiheit, auf das, was man nicht gewöhnt ist. Fickler war so offen, seine Leserinnen und Leser an seinen verzagten Gedanken teilhaben zu lassen. Er wisse noch nicht, schrieb er, ob er den Mut habe, die neue Freiheit zu nutzen, aber er wolle es versuchen.

In wenigen Sätzen erleben wir den Übergang von der Unfreiheit zur Freiheit des Wortes. Für mich als Journalist ist das einer der größten Momente überhaupt.

Joseph Fickler nutzte die neue Freiheit des Wortes, schon in dem Text, in dem er über seine mögliche Verzagtheit räsonierte. Sofort zeigte er den Mut für radikale Forderungen. Und so blieb es. Fickler wollte nicht nur die Freiheit des Wortes, sondern die ganze Freiheit, wollte das Ende der Fürstenherrschaft, wollte die demokratische Republik, wollte die »Entlastung des Armen, Erleichterung des Mittelstandes, Besteuerung des Vermögens im vollsten Umfang. Aber auch Verminderung der Kosten der Staatsverwaltung um die Hälfte ihres gegenwärtigen Betrages. Unser Wunsch ist: Freiheit, Gerechtigkeit und Wohlbehagen für alle.« Das ist das ganze revolutionäre Programm. Hier dachte ein Bürger nicht nur an sich, sondern auch an die ärmeren Schichten.

Seine Waffe in diesem Kampf war das Wort, war die Feder, sein »Blitzschwert«, wie er es ausdrückte. Sein Stil war nicht zurückhaltend, nicht dezent, er schrieb »ein Deutsch ohne alle ›Feinschleiferei und Verkritzelung‹«. Dafür wurde er von einigen Intellektuellen verachtet, sie fanden ihn zu derb, aber aus heutiger Sicht war er ein großer Stilist, der es schaffte, aus radikalen Gedanken und kräftigen Wörtern elegante Sätze zu bilden.

Fickler kannte die Grenzen des Wortes. Er wusste, dass eine Revolution gegen ein Unterdrückungsregime nicht ohne Gewalt auskommt, auf jeden Fall nicht ohne Gewaltandrohung. »Wir leben in den Tagen der Tat«, schrieb er. Seine Forderung: »Waffen jedem Bürger«.

Was man seinen Texten mehr und mehr anmerkt: Den Unmut über die Verzagtheit der Anderen, der Mitstreiter, die sich zunächst mit einer halben Revolution zufriedengeben wollten, mit ein paar Freiheiten, die aber nicht den Sturz der Fürsten forderten, nicht die Republik ausrufen wollten. »Es ist Pflicht jedes Vaterlandsfreundes, jetzt mit Entschiedenheit aufzutreten«, fand Fickler, aber damit war er weitgehend allein.

Das zeigt sich vor allem in seinem Text »Die Volksversammlung zu Offenburg«, die am 19. März 1848 abgehalten wurde. Fickler zeigte sich hier als kompletter Journalist, der nicht nur die Meinungsformen beherrscht, sondern auch die Reportage, die anschauliche Beschreibung eines Ereignisses.

20 000 Menschen hatten sich in Offenburg versammelt, rebellisch gesinnt, darauf wartend, dass ihnen Anführer eine

Richtung für ihren Unmut weisen würden. Doch die meisten dieser Anführer waren nicht radikal. In ihren Besprechungen dominierte Versöhnlichkeit, der Wunsch zum Kompromiss. Nicht die demokratische Republik war das Nahziel, sondern die konstitutionelle Monarchie. Fickler war anderer Meinung, stritt mit den Gefährten und unterlag. So hat er es geschildert.

In seinen Worten: »Der Eindruck, den die Behandlung der Versammlung auf mich machte, war sehr peinlich, ich darf sagen, eine Seelenqual; denn ich sah den Mut auf der Straße stehen und die Bedenklichkeit bei den Lenkern tagen.«

Doch auch Fickler fehlte die Entschlossenheit, die drei entscheidenden Wörter vor den versammelten Menschen auszurufen: »Baden ist Republik!« Wir wissen nicht, was dann geschehen wäre, ob das Volk den Großherzog ins Exil getrieben hätte, so wie die Franzosen ihren König. Wir wissen nur, dass die halbe Revolution gescheitert ist. Auch in Berlin und anderswo in Deutschland brachten die Aufständischen im März 1848 nicht den Mut auf, den letzten Schritt zu gehen. Die Macht der Fürsten wurde erschüttert, aber nicht gebrochen.

Als Friedrich Hecker und Gustav Struve im April einsahen, dass sie mit Zögerlichkeit nur wenig erreichen würden und ihren Feldzug gegen den Großherzog von Baden begannen, war es zu spät. Er hatte sich militärisch gewappnet, hatte vielen Bürgern mit schnellen Reformen den revolutionären Willen abgekauft, so dass Hecker und Struve zu wenig Gefolgschaft fanden, um sich gegen die fürstlichen Heere durchsetzen zu können. Sie verloren ihre Schlachten und flohen ins Exil. Die deutsche Revolution hatte ihren großen Moment verpasst und scheiterte 1849 endgültig, nachdem es der preußische König abgelehnt hatte, die von der Nationalversammlung in der Frankfurter Paulskirche ausgearbeitete Verfassung anzunehmen und sich zum Kaiser krönen zu lassen.

Fickler war in Frankfurt nicht dabei. Am 9. April 1848 wurde er auf dem Bahnhof in Karlsruhe nach einer Intrige seines Mitstreiters Karl Mathy verhaftet. Die Freiheit des Wortes hat Fickler tragischerweise nur für ein paar Wochen genießen dürfen.

Hätte es einen Unterschied gemacht, wäre er in der Paulskirche dabei gewesen? Wohl kaum. Eine radikale Stimme mehr im Kampf der Worte, aber das hätte die Mehrheit nicht gedreht, die Republik nicht möglich gemacht. Dafür hätte es wohl im März 1848 einen entschiedenen Willen zu den Waffen gebraucht.

Joseph Fickler ist leider nahezu vergessen. Für mich ist er ein Vorbild als Bürger und in meiner Rolle als Chefredakteur des SPIEGEL. Sein nationaler Chauvinismus ist mir fremd, aber dagegen steht sein Eintreten für die Armen, für die Juden, für die ganze Freiheit. Er war ein liberaler Demokrat im besten Sinne des Wortes.

Meine Situation ist natürlich eine ganz andere als seine. Ich kann schreiben, was ich schreiben will. Ich kann die staatlichen Akteure kritisieren, ohne die Staatsmacht fürchten zu müssen. Ich fühle mich frei. Bei einem der Sätze Ficklers aus diesem Buch musste ich allerdings sehr an heute denken. In seiner Sprache sah er ein Mittel »der welterschütternden Wahrheit im Kampf mit der Lüge«. Diesen Kampf führen wir auch in diesen Tagen der »alternativen Fakten«, der Meinungsblasen in den sozialen Netzwerken, der Lügen rechtspopulistischer Politiker. Das alles untergräbt die liberale Demokratie.

Die Freiheit ist in Deutschland nicht unmittelbar bedroht, aber es hat sich eine starke Opposition zur liberalen Demokratie gebildet. Anders als Fickler müssen wir die Demokratie nicht erringen, wir müssen sie verteidigen. Das ist eine weit bessere Position. Aber wir müssen wachsam sein, damit Deutsche nie wieder gegen einen Unterdrückungsstaat kämpfen müssen. Ist er einmal etabliert, ist es schwer, ihn zu beseitigen. Die 1848er mussten das erleben.

ZUR TEXTAUSWAHL

Joseph Fickler nimmt in dieser Edition gewissermaßen eine Sonderrolle ein. Seine Bedeutung als entschiedener früher Demokrat – Jörg Bong nennt ihn in seinem Buch »Die Flamme der Freiheit« (Köln 2022) den »revolutionärsten aller Revolutionäre« – steht in einem sonderbaren Missverhältnis zur Quellenlage. Eigene Bücher hat er nicht verfasst, Briefe sind, von einer Ausnahme[1] abgesehen, nicht erhalten, seine rhetorische Überzeugungskraft und seine Wirkung als »Volksagitator« sind zwar von vielen Zeitzeugen beglaubigt,

---

[1] Im Stadtarchiv Mannheim befinden sich drei handschriftliche Briefe, die Fickler aus der Haft in Karlsruhe geschrieben hat. Der erste Brief, datiert vom 12. September 1848, belegt, dass er seine Zeitschrift »Seeblätter« auch vom Gefängnis aus weiterleitet; er gibt darin seinem stellvertretenden Redakteur, Johann Nepomuk Letour, redaktionelle Anweisungen, und fügt zudem »wieder Manuskripte« zur Veröffentlichung bei. In den beiden anderen Briefen an seinen »kleine Freund« Daniel Krebs beklagt er sich im März 1849 über seinen Gesundheitszustand und über die Prozessführung seines Verteidigers Lorenz Brentano: »Mit Brentano bin sehr unzufrieden«, weil er der »liederlichsten Kreatur eines Staatsanwalts« zuwenig Paroli bietet. Das ändert aber nichts an seiner revolutionären Zuversicht: »Wenn ich nicht die Hoffnung hätte, mein Leben noch einsetzen zu können, um solcher Lumpenwirtschaft ein Ende zu setzen, wäre ich untröstlich.«

der Wortlaut seiner Reden in Wirtshäusern, auf Markt-
plätzen und Volksversammlungen ist aber nicht dokumen-
tiert. Ihn dennoch mit eigenen Texten zu präsentieren, war
deshalb eine besondere Herausforderung. Joseph Ficklers
»Hauptwerk«, sein publizistisches Lebensprojekt war die
mehrmals wöchentlich erscheinende Zeitschrift »Seeblätter«,
die er von 1837 bis 1849 leitete – kaum ein anderes oppo-
sitionell-politisches Blatt in den deutschen Ländern hatte
eine ähnlich lange Erscheinungsdauer – und die ihn weit
über Südbaden hinaus zu einer Institution machte. Obwohl
die Auflage 700 Exemplare nie überschritt, war die Zeitung
einflussreich wie nur wenige andere. Immer am Rande der
Finanzierbarkeit und stets von der Zensur bedroht, konnte
Fickler nur sporadisch Mitarbeiter beschäftigen, weshalb
davon auszugehen ist, dass der leitende Redakteur (seit April
1837) und Herausgeber (seit Juli 1837) buchstäblich »Zei-
tungsmacher« war und die Artikel und Meldungen überwiegend selbst schrieb.

Der Begriff »überwiegend« kennzeichnet bereits eine
erste editorische Schwierigkeit. Die Texte der Zeitung sind
in aller Regel nicht namentlich gezeichnet. Zwar sprechen
alle Indizien (finanzielle Ausstattung, einheitlicher Duktus
der Texte) für eine nahezu alleinige Autorenschaft Ficklers.
Eine letzte Gewissheit und nachweisbare Belege dafür gibt
es allerdings nicht. Zweifellos hat Fickler hin und wieder
auch Texte aus anderen Zeitungen (etwa aus der »Rheini-
schen Zeitung« von Karl Marx, aus den »Sächsischen Vaterlandsblättern« von Robert Blum oder aus der »Mannheimer
Abendzeitung«) übernommen, dies aber nur ausnahmsweise
kenntlich gemacht; ein Urheberrecht, wie wir es kennen, gab

es noch nicht, so dass solche »Übernahmen« ohne Quellenangabe möglich und üblich waren.

Eine zweite Schwierigkeit war und ist die Verfügbarkeit der Quellen. Die kompletten Jahrgänge der »Seeblätter« sind nirgends archiviert. Einzelne Jahrgänge (z.B. 1848) oder eine Auswahl einzelner Ausgaben liegen in verschiedenen Archiven (etwa in der Badischen Landesbibliothek oder dem Bundesarchiv) als Mikrofilm vor. Die Qualität dieser Vorlagen ist jedoch, gelinde gesagt, höchst unterschiedlich, so dass manche Artikel kaum noch – oder eben gar nicht mehr – zu entziffern sind. Allein dieses ganz praktische Hindernis setzte der Textauswahl zu diesem Band Grenzen.

Hinzu kommt, als dritte Schwierigkeit, dass sich die für die »Seeblätter« geschriebenen Texte, anders als viele Texte der meisten anderen Autorinnen und Autoren dieser Edition, nicht an ein »allgemeines«, anonymes Publikum wenden, sondern dezidiert an die Leser im Konstanzer Seekreis. Sie enthalten weniger »grundsätzliche« Erwägungen, sondern dienen in erster Linie der tagespolitischen Information sowie der kritischen, auch interventionistischen Berichterstattung über regional relevante Ereignisse.

Joseph Fickler war kein Ideologe, sondern ein »Volksmann« mit einem ausgeprägten Sinn für Pragmatismus. Theoretische Ideale waren ihm ebenso fremd wie terroristische Prahlereien. Er redete und schrieb *für* die und *wie* die Leute in seiner unmittelbaren Umgebung. Seine Texte sind deshalb im wahren Sinne des Wortes »Zeitdokumente«, die uns heute deshalb manchmal fremd anmuten mögen – und die eine oder andere »editorische Anmerkung« erfordern –, die aber einen authentischen Einblick in den »Geist«, das politische »Klima« Südbadens in jenen aufrührerischen Zeiten gewähren.

Diesem Band eine kompakte inhaltliche Struktur zu geben, war aus den genannten Gründen nicht möglich. Er versammelt stattdessen eine im wesentlichen chronologisch sortierte Auswahl von Joseph Ficklers »Leitartikeln« aus den »Seeblättern« – mit eindeutigem Schwerpunkt auf das »Revolutionsjahr« 1848 –, die bei aller Heterogenität der jeweiligen »Gegenstände« doch von erstaunlicher inhaltlicher Kohärenz sind. Nach einigen frühen (1833) öffentlichen Bemerkungen Ficklers über die Schwierigkeiten, unter den Bedingungen der Pressezensur eine Zeitung zu machen, beginnt dieser Band, abweichend von der erwähnten Chronologie, mit einer Artikel-Serie aus dem März/April 1848 über die deutsche Sprache, in der Fickler nicht etwa Linguistik betreibt, sondern im Grunde sowohl sein publizistisches Credo formuliert als auch den Stil und Duktus seiner Texte rechtfertigt. Denn wegen ihrer »Derbheit« sind die »Seeblätter« in Kreisen liberaler Akademiker und gelehrter Publizisten lange geschmäht worden – als ein »etwas graues Journal im Quart, dessen Gesinnung weiter reicht als seine Intelligenz und Kraft«, wie die eigentlich gleichgesinnte, progressive »Rheinische Zeitung« von Karl Marx noch 1842 geringschätzig schrieb. Auch gegen solche Invektiven, die Fickler und die »Seeblätter« lange begleiten, ist der Einleitungstext gerichtet. Um theoretische Systeme aufzustellen, mangele es ihm an »Beruf und Raum«, antwortete der Geschmähte schon 1842 (Seeblätter 50 v. 18.12.1842), sein Hauptanliegen sei, »dem Bürger- und Bauernstande zugänglich und verständlich zu sein, weil vorzüglich dieselben den Kern des

Volkes bilden, und nur durch sie im Staatsleben die Ideen praktisch werden können«.

Diese Linie verfolgte Joseph Fickler mit großer Konsequenz. Anders als Robert Blum, Friedrich Hecker oder Arnold Ruge gab sich Fickler mit der provinziellen Enge des Seekreises zufrieden. Er verschaffte sich damit eine Basis im Volk wie kaum ein anderer der maßgeblichen frühen Demokraten – und gehörte dadurch 1848 zu den radikalsten und einflussreichsten »Revolutionären«. Seine Verhaftung im April 1848 war deshalb alles andere als ein Zufall und hat die »Bewegung« ebenso geschwächt wie der Ermordung Robert Blums in Wien.

Die hier vorgelegte Textauswahl zeigt einige Facetten dieses pragmatischen Radikalen, der die Situation in einigen entscheidenden Momente des revolutionären Aufbruchs – im Nachhinein betrachtet – zweifellos besser eingeschätzt hat als andere prominente Mitkämpfer. Deshalb, bei all den genannten Schwierigkeiten, dieser Band.

Rüdiger Dammann

ÜBER DIE ZENSUR[2]

Konstanzer Wochenblatt vom 3. Januar 1833:

Die freien Für und Wider und die unbeschränkten Äußerungen über öffentliche Maßregeln sind – meines Bedünkens – dem Staat zu seinem Wohlsein ebenso notwendig wie Nahrung und Bewegung dem Körper. Wo über alle öffentlichen Angelegenheiten freie Meinungen erlaubt sind, da findet man selten Missbrauch der Gewalt. Man erhebe nur einmal Menschen über alle Furcht vor Rechenschaft, so werden sie, es sei, wo es wolle, Tyrannen. Warum hat Spanien nicht ebenso viele große Leute als England. Weil die Inquisition weder frei sprechen noch schreiben lässt. – So schrieb der Engländer Heinrich Mansen im Jahre 1794, und so oft diese Wahrheiten schon gesagt worden sind, man kann sie nie genug wiederholen, denn es scheint das Verhängnis all derer, die an die Spitzen großer oder kleiner

2 Schon als 24-Jähriger gründete Joseph Fickler mit dem »Konstanzer Wochenblatt« eine erste oppositionelle Lokalzeitung in Baden und machte sogleich Erfahrungen mit der Zensur, in deren Umgehung – sei es durch unverfängliche Überschriften, durch persönliche Bekanntschaften mit Kammerabgeordneten und Richtern oder dadurch, dass er das Auslieferungsverbot einer Ausgabe durch Postversand umging – er es später zur Meisterschaft brachte.

Verwaltungen kommen, zu sein, dass sich ihr Herz verengt und ihre Grundsätze verwandeln; darum wird auch unser Blatt seinen opponenten Charakter im neuen Jahr behalten; und wenn die Sphäre seines Wirkens gleich sehr beschränkt ist, so wollen wir sie als das Fegefeuer betrachten, aus dem wir noch einmal bei günstiger Zeit erlöst und in die himmlischen Hallen eingeführt werden.

(...)

Infolge einer von der hiesigen Kreisregierung erlassenen, inkompetenten, gesetz- und verfassungswidrigen Ordonnanz, welcher sich der Zensor, Oberamtmann von Ittner, wie es scheint, gerne unterzieht, darf auch keine Zensurlücke gelassen werden, und es ist uns nicht einmal das elende Recht des Sklaven vergönnt, mit den Ketten, die uns belasten, zu klirren. Wir wollen indessen die Sache weiters zur Notiznahme bekannt machen.[3]

Die Redaktion

3 In vielen Nummern des Konstanzer Wochenblattes erschienen freie Flächen, sogenannte »Zensurlücken«, also Hinweise auf von der Zensur gestrichene Texte. Doch auch das wurde verboten. Dennoch ließ Fickler am 3. Januar 1833 ein »Censur-Lückchen« auf dem Titelblatt.

Konstanzer Wochenblatt vom 30. Juni 1833:
Sollten die Presseverhältnisse sich erfreulicher gestalten, so werden wir unseren Wirkungskreis umso lieber erweitern, als wir überzeugt sind, dass in dem weiten Kreis politischer Räsonnements leichter und kräftiger zu wirken ist als in dem uns bis jetzt vorgezeichneten engen Bezirk. Sollten aber, was leider wahrscheinlicher ist, die lästigen Schranken, die das freie Wort einengen, ja unterdrücken, noch länger stehen, so wollen wir dennoch nicht ermüden, in denselben nützlich fortzuwirken. (…)

Konstanzer Wochenblatt vom 29. Dezember 1833:
Es erscheint heute die letzte Nummer des Wochenblattes. Die Beschränkungen, innerhalb welchen es seit mehreren Wochen redigiert werden musste, benehmen mir die Lust und die Möglichkeit, es wirksam fortzusetzen. Wahrscheinlich wird an seiner Stelle innerhalb der ersten Monate des künftigen Jahres ein politisches Blatt treten. Unterdessen empfehle ich den Lesern des Wochenblattes den »Wächter von Weinfelden«[4], der, wie ich hoffe, seine Spalten auch solchen Artikeln aus dem Badischen öffnen wird, die weder von der Zensur verstümmelt noch durch das Pressgesetz geschreckt sind.

4 »Der Wächter« war eine im schweizerischen Weinfelden erscheinende oppositionelle Zeitung.

EINIGE BEMERKUNGEN
ÜBER DEUTSCHE SPRACHE

Ärgernis hin, Ärgernis her, Not
bricht Eisen und hat kein Ärgernis.
Ich soll die schwachen Gewissen (Köpfe)
schonen, sofern es ohne Gefahr meiner
Seele geschehen mag: wo nicht, so soll
ich meiner Seele raten, es ärgere sich
daran die ganze oder halbe Welt. –
Ein sicher Gewissen, das der Sache
gewiss ist, fitzelt und fetzelt nicht; es sagt
es dürer und frisch heraus, wie es an
ihm selber ist.
M. Luther

Das menschliche Sprachvermögen entwickelte sich in Folge des dem Menschen eingeborenen Triebes nach Geselligkeit und des Bedürfnisses, seine Gedanken und Empfindungen seinesgleichen mitzuteilen. Alle Sprachen der Erde sind sich in den Verhältnissen ihres Grundbaues gleich, d. h. sie haben alle ihre Haupt- und Beiwörter, Zeitwörter etc.; unähnlich sind sie sich aber in Bezug auf den

Seeblätter.

Sonntag   **№ 74.**   **26. März 1848.**

Die „Seeblätter" erscheinen mit Ausnahme des Montags täglich einen halben Bogen stark und wenn der Stoff es erheischt, mit Beilagen. Preis für das halbe Jahr 3 fl.; mit Postauflschlag im ganzen Großherzogthum Baden 3 fl. 15 kr. — Bei jedem zunächst gelegenen Postamte werden Bestellungen angenommen; in Konstanz in der Buchdruckerei von P. Forster u. Comp. (St. Paulostraße Nr. 283). Bei Einrückungen werden für den Raum der gespaltenen Zeile drei Kreuzer berechnet.

Einige Bemerkungen über deutsche Sprache.

> Aergerniß hin, Aergerniß her, Noth bricht Eisen und hat kein Aergerniß. Ich soll der schwachen Gewissen (Köpfe) schonen, sofern es ohne Gefahr meiner Seele geschehen mag: wo nicht, so soll ich meiner Seele rathen, es ärgere sich daran die ganze oder halbe Welt. — Ein frischer Gewissen, das der Sache gewiß ist, figelt und fegelt nicht; es sagt es dürre und frisch heraus, wie es an ihm selber ist.
>
> *M. Luther.*

Das menschliche Sprachvermögen entwickelte sich in Folge des dem Menschen eingeborenen Triebes nach Geselligkeit und des Bedürfnisses, seine Gedanken und Empfindungen Seinesgleichen mitzutheilen. Alle Sprachen der Erde sind sich in den Verhältnissen ihres Grundbaues gleich, d. h. sie haben alle ihre Haupt- und Beiwörter, Zeitwörter ꝛc.; unähnlich sind sie sich aber in Bezug auf den Laut, die Stufe der Ausbildung, den Mangel oder Reichthum an Gedanken und Scenen (Ausdrucksweisen). Jedes Volk hat daher seine eigene Sprache, die das Erzeugniß und zugleich Zeugniß ist seines eigenthümlichen Bildungsganges, seiner besonderen Verhältnisse und seiner Umgebung in Verkehr mit Menschen und den Gegenständen der äußeren Natur. Die besondere Beschäftigung und Naturumgebung muß daher bei Entwickelung der Sprachen, namentlich der Ursprachen, den größten Einfluß ausgeübt haben, sowohl in Beziehung auf Bildung der Begriffe, als der Laute und Formen. Von ähnlichen innern und äußeren Bedingungen hängt noch heute die besondere Sprache jedes einzelnen Menschen ab, was man bezeichnend seinen Stil nennt, d. h. das eigenthümliche Gepräge seiner Sprachweise, das aufs Genaueste zusammenhängt mit seinem Charakter; denn der eigentliche Charakterlose hat gar keinen eigenen Stil, sondern äfft nach den zufälligen Bestimmungen der Umstände und des Eigennutzes jeden fremden, bald

diesen bald jenen, nach. Unsere Vorfahren, die alten Deutschen, waren ein urkräftiger Menschenstamm, keusch und rein in Sitten, aber voll wilder unbändiger Freiheits- und Kriegslust, den Frieden, die Geschäfte des Friedens und feste Wohnpläze hinter Mauern verschmähend; geborene Jäger und Krieger, die Gefahr aufsuchend als ein Vergnügen, gern in Wäldern, an frischen Quellen und rauschenden Strömen hausend. Die deutsche Sprache hat daher etwas Urkräftiges, Naturfrisches und Kampfmuthiges in ihrem innersten Wesen, und wenn ihr auch der hohe stille Geist der heiligen Waldeinsamkeit, das Sichversenken in Gedankentiefen sehr eigenthümlich, das Säuseln, Flüstern und Lispeln der Blätter, das Plätschern und Rieseln der Quellen und Bächlein nicht fremd ist, so spricht sie sich dennoch als in ihrem eigentlichen Grundton aus im sturmbewegten Eichwald und im brausenden und donnernden Wogenschlage gewaltiger Ströme.

Sie ist daher hauptsächlich die Sprache des Kampfmuthes, der welterschütternden **Wahrheit** im Kampf wider die Lüge, der breiten festleibigen Offenheit gegen die spizige Hinterlist; die Feuersprache des sittlichen Zorns, die Kernsprache der Mannskraft; gegenüber der unsittlichen Herzverwässerung und Marklosigkeit des Leibes wie der Seele. Und so wurde die deutsche Sprache auch gebraucht, an- und ausgebaut von allen grunddeutschen Männern, von Luther, Hutten, Lessing, Schiller, Fichte, Jean Paul ꝛc. Namentlich sind Luther's Schriften, des eigentlichen Schöpfers unserer hochdeutschen Schriftsprache, seine Bibelübersezung und das Meiste, was aus der Feder dieses kerndeutschen Mannes floß, wahre Schlachtstäle und er der donnermächtige Schlachtengott als Feldherr, der die Feder führt als Blizschwert

Daher mag sich auch das für die deutsche Sprache und den deutschen Mannscharakter nur höchst ehrenvolle Sprichwort schreiben: „Man muß deutsch mit ihm reden!" Auch ein italienisches Sprichwort in Bezug auf die deutsche Sprache erweist dem deutschen Charakter dieselbe Ehre, wenn es

Laut, die Stufe der Ausbildung, den Mangel oder Reichtum an Gedanken und Szenen (Ausdrucksweisen). Jedes Volk hat daher seine eigene Sprache, die das Erzeugnis und zugleich Zeugnis ist seines eigentümlichen Bildungsganges, seiner besonderen Verhältnisse und seiner Umgebung in Verkehr mit Menschen und den Gegenständen der äußeren Natur.

Die besondere Beschäftigung und Naturumgebung müssen daher bei Entwicklung der Sprachen, namentlich der Ursprachen, den größten Einfluss ausgeübt haben, sowohl in Beziehung auf Bildung der Begriffe als der Laute und Formen. Von ähnlichen inneren und äußeren Bedingungen hängt noch heute die besondere Sprache jedes einzelnen Menschen ab, was man bezeichnend seinen Stil nennt, d. h. das eigentümliche Gepräge seiner Sprachweise, das aufs Genaueste zusammenhängt mit seinem Charakter; denn der eigentlich Charakterlose hat gar keinen eigenen Stil, sondern äfft nach den zufälligen Bestimmungen der Umstände und des Eigennutzes jeden fremden, bald diesen, bald jenen nach.

Unsere Vorfahren, die alten Deutschen, waren ein urkräftiger Menschenstamm, keusch und rein in Sitten, aber voll wilder und unbändiger Freiheits- und Kriegslust, den Frieden, die Geschäfte des Friedens und feste Wohnplätze hinter Mauern verschmähend, geborene Jäger und Krieger, die Gefahr aufsuchend als ein Vergnügen, gern in Wäldern, an frischen Quellen und rauschenden Strömen hausend. Die deutsche Sprache hat daher etwas Urkräftiges, Naturfrisches und Kampfmutiges in ihrem innersten Wesen, und wenn ihr auch der hohe stille Geist der heiligen Waldeinsamkeit, das Sichversenken in Gedankentiefen sehr eigentümlich, das Säuseln, Flüstern und Lispeln der Blätter, das Plätschern und Rieseln der Quellen und Bächlein nicht fremd ist, so spricht sie sich dennoch als in ihrem eigentlichen Grundton aus im sturmbewegten Eichwald und im brausenden und donnernden Wogenschlag gewaltiger Ströme.

Sie ist daher hauptsächlich die Sprache des Kampfmutes, der welterschütternden Wahrheit im Kampf mit der Lüge, der breiten, festleibigen Offenheit gegen die spitzige Hinterlist; die Feuersprache des sittlichen Zorns, die Kernsprache der Manneskraft gegenüber der unsittlichen Herzverwässerung und Marklosigkeit des Leibes wie der Seele.

Und so wurde die deutsche Sprache auch gebraucht, an- und ausgebaut von allen grunddeutschen Männern, von Luther, Hutten, Lessing, Schiller, Fichte, Jean Paul etc. Namentlich sind Luthers Schriften, des eigentlichen Schöpfers unserer hochdeutschen Schriftsprache, seine Bibelübersetzung und das meiste, was aus der Feder dieses deutschen Mannes floss, wahre Schlachtstücke und er der donnermächtige Schlachtengott als Feldherr, der die Feder führt als Blitzschwert.

Daher mag sich auch das für die deutsche Sprache und den deutschen Mannscharakter nur höchst ehrenvolle Sprichwort schreiben: »Man muss Deutsch mit ihm reden.« Auch ein italienisches Sprichwort in Bezug auf die deutsche Sprache erweist dem deutschen Charakter dieselbe Ehre, wenn es heißt: »Zur Verführung unserer ersten Stammeltern im Paradies hätte sich die hinterlistige Schlange der italienischen (höchst schmeichelnden) Sprache bedient; als aber Gott die Strafbaren vor seinen Richterstuhl gefordert und dieselben aus dem Paradies gejagt, so habe er Deutsch mit ihnen gesprochen.«

Der falsche Anstand, die lügnerische und deswegen sitten-
verderbliche Höflichkeit in Dingen, wo es sich gerade um
die nackte Wahrheit handelt, das ängstliche Zudecken, das
heuchlerische Verhüllen, Schminken und Verblümen des
Schlechten, des Gemeinen und Verbrecherischen, gehört
also ursprünglich durchaus nicht zum Wesen der deutschen
Sprache, nicht zum Charakter des Deutschen, sondern ist ein
modernes Erzeugnis der sittlichen Entnervung, der geistigen
und leiblichen Schwäche, der Heuchelei und Lüge, die stets
Entdeckungen fürchten, die vor ihrem eigenen Bilde, schon
vor dem Schatten desselben, erzittern und deswegen so hastig
und eifervoll nach Schönpflästerchen, nach heiligen Schleiern,
ja nach den dicksten Deckmänteln suchen und greifen.

Die Verderbnis unserer deutschen Sprache in dieser
Beziehung, was die breitoffene Ehrlichkeit und Natürlich-
keit betrifft, verdanken wir hauptsächlich dem Einfluss
des heuchlerischen Pfaffentums, das nur im Dunkel und
bei Gemunkel sich wohl befand aus natürlichen Gründen
damals, wie teilweise auch noch heute. Dazu kam ferner die
schlangenglatte Pfaffen- und Hofsprache des seine moralische Fäulnis mit Goldflittern deckenden Königtums unter
den berüchtigten Mätressenwirtschaften der französischen
Ludwige, von wo aus die Sprach- und Sittenpest auch nach
Deutschland übergepflanzt und namentlich vom deutschen
Adel, von deutschen Fürstenhöfen auf Kosten unserer Mut-
tersprache, zum Verderben unserer schlichten, reinen Sitten
gepflegt und genährt wurde.

Zur Zeit, als es dem kampflustigen und wahrheitsdurs-
tigen Deutschen verwehrt war, seine kriegslustigen Kräfte
in wirklichen Kriegen mit anderen Völkern zu messen und

seinen unersättlichen Wahrheitseifer im Behandeln mündlicher Streitfragen zu betätigen, machte er Schreib- und Druckpapier zu seinem Kampfplatz und schlug vor allen anderen Nationen als großmächtiger Krieger und Sieger die Schlachten des Geistes. So hielt sich der Kerndeutsche wenigstens seine Schriftsprache, soweit er sie vor dem Henkerschwert des Zensors sicher zu stellen wusste, immer noch frei von der in der Umgangssprache eingerissenen Lüge und Heuchelei, wo das Gehorsam-Dienerwesen, das Augendienen, Süß- und Schönschwätzen, das Rückenkrümmen und Händeklatschen, bei allem menschenfeindlichen Hochmut und der lieblosesten Sucht zum teuflischen Schwarzfärben und Ehrabschneiden des Nächsten, jeden schlichten Ehrenmann bis ins Innerste anekeln und empören muss. Wenigstens in seiner Schriftsprache blieb der Deutsche noch deutsch und nannte frei und keck, aller Pfaffen-, Hof- und Diplomatensprache, auch der Kriecher- und Leckersprache der gewöhnlichen deutschen Professoren zum Trotz, Schwarz nicht Weiß, den Teufel nicht Engel, den Pfaffen nicht Priester, den Schuft nicht Ehrenmann, die Hure nicht Jungfrau, sondern jedes und alles, was er in Wahrheit bezeichnen und schildern sollte, bei seinem echten und rechten Namen, ohne zu »fitzeln und zu fetzeln«, und wenn sich auch alles Pack, das sich betroffen fühlte und betroffen fühlen sollte, darüber zu Tode ärgern würde.

Und so wollen auch wir es mit der Schriftsprache, wenigstens mit der deutschen Sprache der »Seeblätter« gehalten wissen, wenn wir uns im gewöhnlichen Umgang auch gern bescheiden, nicht jedem Schuft sofort sein verdientes Kapitel mündlich und ins Angesicht zu lesen. (…)

(Teil zwei)

Nötiget uns die eingefleischte Gewohnheitsheuchelei der Umgangssprache zu dieser Erklärung, so erklären wir dagegen auch, dass wir das alte gute Recht der deutschen Schriftsprache, dort wo es am Platze ist, ein grobkörniges, handgreifliches Deutsch zu schreiben, ein Deutsch ohne alle Feinschleiferei und Verkritzelung, unter keinen Umständen der umgänglichen Lügenmode zu opfern gesonnen sind. Ist es nicht genug, dass wir wenigstens teilweise gezwungen sind, uns einander vor lauter Höflichkeit tagtäglich mehrere Male zu belügen, ins Angesicht zu belügen, indem wir einander schöne Dinge ins Gesicht sagen, die meistens nicht nur erlogen, sondern gerade das Gegenteil sind von unseren schmeichlerischen Komplimenten, demütigen Kratzfüßen und Bücklingen? Ist es nicht genug an diesem mündlichen Lügenwerk, und soll auch noch die Schriftsprache, noch das einzige Organ der lauteren Wahrheit, das uns vom täglichen Lügenschmutze wieder reinigen, die gefälschten Sachen und Personen zu ihrer natürlichen Gestalt wieder zurückbringen, in ihr wahres Licht zurückversetzen soll. Diese Schriftsprache, frage ich, soll auch sie zum Werkzeug eines komplimentösen, alles Schlechte verschminkenden und verblümenden Lügengeistes sich erniedrigen lassen? Nie und nimmer! Es wäre ein unverantwortliches Verbrechen an der markigen Kraftfülle der deutschen Sprache, am deutschen Volkscharakter selber; denn mit seiner Sprache würde und müsste notwendig auch dieser sinken. Der deutsche Volksgeist hat sich seit etlichen Wochen wieder neu geboren; er hat seine Zwangsjacke in Fetzen zerrissen, das Joch der Presse zersplittert und ist noch fortwährend in steigender Erhebung begriffen. Mit dieser Erhebung hebt sich, aufs Innigste verknüpft, auch seine Sprache. Der deutsche Sprachgeist gedenkt seiner brausenden und krachenden Eichenwälder, seiner tosenden Meere und Ströme, aller elementarischen Sprachlehrer seiner Ahnen. Statt das untertänigste ersterbende Bittwort um Fürstengnade in der Demut eines Verbrechers vor den Thron zu bringen, hat nunmehr der Deutsche mit seinen herzlosen Blutquälern und Henkern ein Wort der Wahrheit zu sprechen, und sucht in seinem alten Sprachhimmel den Donner und Blitz dazu, damit dem rechten Wort nicht fehle, nicht rechte Rüstung. Das Stöhnen und Schluchzen, das kniefällige Flehen und händeringende Bitten des Untertans zu den Füßen der Fürsten und Könige, die niederträchtigen Wurmkrümmungen und fein berechneten Schlangenwindungen in Ton und Gestalt der Sprache, das alles ist auf immer zu Ende. Nicht wie die brandscheue Katze um den heißen Brei wird ferner um die Stufen der Throne und Altäre geschlichen; der deutsche Mann, das deutsche Volk, die sich mit ihren Fürsten und Königen auf der Waage der Gerechtigkeit gewogen, und sich voll- und gleich wichtig gefunden haben, schreiten ihrem Ziele nunmehr gerade und schnurstracks entgegen; fassen und halten es beim Mittelpunkt und nennen das Ding, das zu taufen ist, beim nächsten besten »unverfitzelten« Namen, wobei die Sache so recht auf den Nabel- oder Kopfpunkt getroffen wird. Es ist aus mit der lispelnden und wispernden Höflingssprache; es ist aus mit der Schönfärberei und Goldschminkerei der Laster und Verbrechen von hochgestellten Schurken und Halunken; die Verdrehungen und Umschreibungen der verdienten Galgentitel, das auf den Sack-, statt auf den Esel-

schlagen: All diese unsäglichen Sprech- und Schreibquäle-
reien, sie haben gottlob ihre Endschaft erreicht. Es gärt und
kocht im Busen des deutschen Volkes; es hat Unaussprech-
liches zu sagen von jahrelangen Leiden; der gewalttätigste
Druck auf sein innerstes Leben hat die Ströme aller seiner
Kräfte zur überstürzenden und dammzerbrechenden Höhe
gestaut, so dass notwendig die Galle noch galliger und das
Giftige noch giftiger sich auskochen musste. Wer das nicht
begreift und natürlich findet, der kann, bei Gott!, weniger
nicht sein als ein geborener Sklave, ein in ewiger Sklaverei
der Pfaffenkomödien, der Fürsten- und Königsställe ver-
tiertes Menschenbild; oder er ist ein fluchwürdiger Heuchler,
der aus Selbstsucht und Angst es nicht begreifen will, weil
er in jeder Prangerstellung eines schlechten Menschen nur
sein eigenes Schicksal befürchtet, und jedes Mal, so oft er
unter der Larve der Menschenfreundlichkeit die Partei eines
Nichtswürdigen ergreift, im Grunde nur seiner eigenen
Schlechtigkeit gegen mögliche ähnliche Angriffe (…) sich
sicher stellen will. Oder der Mensch, der namentlich im jetzigen Augenblick die gerechte Sprache des sittlichen Zorns
und der Entrüstung nicht (…) als natürlich begreift, ist ein
vernagelter Kopf oder eine Bauchmensch, der an der Stelle
des deutschen Herzens bloß einen zweiten Magen besitzt;
oder er ist ein nervenschwaches, ein krankes, verzerrtes Weib,
oder ein charakterloser Fuchsschwänzler und Nachbeter, ein
Schön- und Gefälligschwätzer, ein Allerweltsbuhler um die
Gunst von Allen, nicht bedenkend, dass wer allen alles sein
will, am Ende gar nichts ist.

Einige Ebenbilder dieser hier gezeichneten Leute sollen
sich, wie wir erfahren mussten, auch unter den Lesern der

»Seeblätter« befinden, und wir haben deswegen die Absicht, ein für allemal mit dieser Sippschaft ein deutsches Wort zu sprechen.

Es wurden schon früher, jetzt aber besonders, seitdem wir tatsächliche Pressefreiheit haben, etliche Winkelstimmen laut, sich bitter beklagend, sogar entsetzend über die Sprache, die in den »Seeblättern« geführt werde. Sie beklagen sich über die Derbheit im Ausdruck, über Schimpfereien und Persönlichkeiten.

(Schluss)
Ein großer Teil der gebührenden Antwort auf diese Anklagen liegt schon in dem, was wir bereits vorgetragen haben, und wir können uns deswegen kürzer fassen. Unter Derbheit im Ausdruck und Schimpfereien verstehen die Ankläger ein und dasselbe. Man soll nämlich, meinen diese feinzüchtigen oder heuchlerischen Seelen, dem Schuft nicht geradezu Schuft, dem Lügner nicht Lügner, dem Hurer nicht Hurer, dem Ehebrecher nicht Ehebrecher sagen; keinen Dieb, keinen Meineidigen, keinen Betrüger und Räuber, keinen Henker und Giftmischer bei diesem seinem eigentlichen Namen so ohne alle Rücksicht nennen; sondern den schlechten Namen, den man ihnen verdientermaßen beilegen muss, erst recht fein und vorsichtig in hundert schöne Glanzpapierchen wickeln, damit sich der schlechte Mensch ja nicht zu schämen brauche, im Gegenteil noch den Genuss der Ehre habe, als wollte man ihm die schmeichelhaftesten Komplimente machen. Durch lauter zierliche und anständige Umschreibungen soll der Schriftsteller endlich dahin kommen, dass er nichts oder etwas ganz anderes sagt, als was er eigentlich sagen wollte;

auf die harten Sündenbuckel, die kaum angegriffen werden von Staubbesen und Stachelpeitsche, soll er dreinschlagen mit baumwollumwundenen Rütlein! Den Teufel soll man nicht schwarz, einen schmutzigen Kerl nicht schmutzig, den Dreckfarbigen nicht gar zu natürlich und kenntlich malen, damit ja niemand an diesen Gemälden erschrecke, und was noch ärger und unverzeihlicher wäre, sein eigenes unsäuberliches Abbild in ihnen entdecke! Die Galle und den Teufelsdreck, womit eine gewisse Klasse von Vorrechtlern ihre Mitmenschen bis zur Verzweiflung bedient haben, soll man diesen lieblosen Gesellen nicht wieder zurückgeben und einschütten in Natura, sondern vorerst künstlich und wohlbedächtig sie einhüllen in Süßigkeiten und Wohlgeruch, damit sie ja den Schlund passieren können als Nektar und Ambrosia (Göttertrank und Götterspeise).

Hat es ein vornehmer, oder gar ein gefürsteter Verbrecher auch gar zu »dick« gemacht, so soll man sich ja hüten, ihn mit ebenso »dicken«, naturgetreuen Farbenstrichen wieder darstellen zu wollen. Wenn ein Lasterhafter, ein schamloser Wüstling auch allen Anstand mit Füßen getreten, alle Ehre beiseitegesetzt hat, so soll man doch gegen ihn – obgleich die Heiligkeit des Sittengesetzes, der Ernst des strafenden Beispiels verlangt, ihn in der ganzen Abscheulichkeit seiner verwerflichen Handlung zu schildern – den sogenannten Anstand beachten, ihn fein glimpflich und zimperlich behandeln. So wollen oder wünschen es vielmehr jene schon oben bezeichneten Leute, die im Verhüllen, Zudecken und Schutzreden fremder Sünden und Verbrechen das beste Mittel zu finden glauben, das Aufhängen ihrer eigenen Schandtafel vor den Augen des Publikums zu verhindern. Der kleine Haustyrann, der winzige Gemeinde- oder Bezirksbedrücker will es nicht dulden, dass man mit seinen Spießgesellen im Großen gar so rücksichts- und schonungslos umspringe und mit so dreister Faust in ihr Teufelsgewebe fahre; der Hurer will dem Hurer, der politische Simsen- und Sockenläufer seinem Neben- oder Hintermann nicht zu hart geschehen lassen, und so jeder, der von der Charakterlosigkeit Profession und in zweideutigen Stellungen seine profitabelsten Geschäfte zu machen hofft; denn vielleicht auf heute oder morgen befürchtet er schon den Fall, eines ähnlichen Schutzredners in demselben Anliegen zu bedürfen. So handelt die schlau sein wollende Sippschaft der Heuchler, wenn sie sich anstellt, als ob sich das Innerste ihrer Menschenfreundlichkeit verletzt fühlte, wenn man einem schlechten Menschen sein Recht antut, Rabennacht nicht Tageshelle nennt und Höllengestank nicht für Rosenduft nimmt. Sie bilden sich ein, ungeschminkte, kräftig ausgesprochene Wahrheiten mit dem schnellfertigen, von ihnen gedankenlos gebrauchten Ausdruck »Schimpfereien« sofort brandmarken und deren gute Gründe entkräften zu können. Sie sind bei aller Bosheit viel zu dumm, um es begreifen zu können, dass eine Anklage nur dann zur bloßen »Schimpferei« herabsinkt, wenn die Anklage unwahr, wenn die Schilderung des schlechten Charakters nicht durch Tatsachen begründet ist. Der begründete Schimpf, der in der Anklage liegt, berührt den, der das Laster oder Verbrechen schildert, nicht im Geringsten, sondern fällt ganz und gar auf das Haupt des Täters, der geschildert wird. Was kann denn der schildernde Schriftsteller oder der Geschichtsschreiber dafür, wenn z. B. die Leute, die er beschreiben soll, zufällig keine Ehrenmänner, sondern Lumpen sind, wenn sie eher der Idee von Teufeln als von Engeln gleichen? Der Schriftsteller hat nur seine Pflicht getan, wenn er die Abbilder von den Urbildern naturgetreu gegeben hat; und es wäre boshaft und eselhaft zugleich, wenn man den Schriftsteller deswegen anfeinden und anschwärzen wollte, dass er lumpenhafte und teuflische Menschen nicht besser und schöner gezeichnet habe, als sie ihm in der Wirklichkeit erschienen. Der Kunst ist es wohl noch erlaubt, zuweilen zu schmeicheln, aber nie und nimmer der strafrichterlichen Wahrheit! Wer Schimpf verdient, in Wahrheit verdient durch seine schimpflichen Handlungen, der soll auch Schimpf davontragen, und zwar auf seine eigene Rechnung, nicht aber auf Kosten dessen, der ihm bloß gibt, was ihm gebührt! Der bloßen »Schimpferei« liegt immer eine Art Verdächtigung und Anschwärzung, feinere oder gröbere Lüge zugrunde; ist aber die Schilderung des verwerflichen Menschen wahrheitsgemäß, so ist es keine »Schimpferei«, sondern eine wohlverdiente Rüge, die Stimme der moralischen Entrüstung, ein strafendes Sittengericht. Das ist der Unterschied, meine feinnasigen und zartnervigen Herren und Damen, oder wie man Euch sonst noch näher bezeichnen muss mit passenden Beiwörtern! Wenn der Gebrauch von bezeichnenden Schand- und Ekelnamen gegen solche, die dergleichen verdienen, mit »Schimpferei« belegt werden sollte, so gäbe es keine größeren Schimpfredner als Moses, die alten Propheten, Luther, Lessing etc. – ja sogar der gerechteste, heiligste und liebenswürdigste aller Menschen, unser sittlicher Weltheiland und Erlöser Christus, wie oft braucht er nicht die Wörter Hure und Hurer, Schlangen- und Otterngezücht! Wie donnert er gegen die Sünder und Heuchler, indem er sie Wölfe in Schafskleidern, Hunde, Kinder des Teufels und der Hölle, Söhne der Mörder, übertünchte Gräber etc. nennt. Der große Lessing gebrauchte in einem seiner Schauspiele das Wort »Hure«. Darüber entstand bei den sogenannten feingebildeten Leuten ein solcher Lärm, dass niemand von der Schauspielergesellschaft das Wort aussprechen wollte und Lessing bestürmt wurde, es zu streichen. Er tat es um keinen Preis, weil ihm das Wort vom Sprachgeist just dazu geschaffen schien, das zu bezeichnen, was er eben damit bezeichnen wollte.

Wenn Ihr das nicht wusstet, Ihr unberufenen Schreier über »Schimpferei«, so erklärt Ihr Euch als Unwissende; habt Ihr es aber gewusst, so zeigt Ihr Euch als Heuchler – und Heuchler, das seid Ihr, die Ihr da bei der Sprache der Wahrheit, des sittlichen Zorns, über »Schimpfereien« schreit! Heuchler, das seid Ihr der großen Mehrzahl nach, und die Sünden der Unwissenden und Dummköpfe sind die Allerwenigsten. Heuchler, das seid Ihr, weil Ihr nur die ärgsten Namen der Sünden, Laster und Verbrechen scheut, nicht aber die sündlichen, lästerlichen und verbrecherischen Handlungen selbst. Tagtäglich lasset Ihr Unrecht, oft himmelschreiendes Unrecht, um Euch herum, in Eurer nächsten Nähe geschehen, ja, Ihr selber begeht alltägliches Unrecht in Eurem eigenen Hause und außer demselben, ohne dass Ihr Euch merklich verletzt fühlt, ohne dass es Euch besonders zu Herzen ginge und schwer aufs Gewissen fiele. Gegen die Empfindung der schändlichen Tat seid Ihr mit wahren Büffel- und Elefantenhäuten bepanzert, und einzig allein gegen den schändlichen Namen der schimpflichen Tat seid Ihr so überaus empfindlich, dass Euer Fein- und Zartgefühl ans Unglaubliche grenzt! Nun frage ich: Gibt es irgendeine ärgere Heuchelei, als es die Eure ist, wenn Ihr Euch auch vor der schlechtesten Tat nicht im Geringsten entsetzt, Diebstahl, Raub, Lüge, Hurerei etc. ohne besondere Gewissensregung begeht, und Euch bloß gegen die Namen Lügner, Hurer etc. mit maßlosem Anstands- und Sitteneifer empört?

Gut, dass Euch die Welt in der Regel nur zu wohl kennt, und jetzt bei der Freiheit der Rede und Presse von Tag zu Tag mehr erkennen wird! Und das ist schon jetzt Eure geheime Angst, Eure im falschen Sitteneifer gar schlecht versteckte Wut gegen schlichtes Recht und nackte Wahrheit; gegen jeden, der es sich zur heiligen Aufgabe seines Lebens gemacht, die argverderbliche uralte Pfaffen- und Diplomatenmaxime des Zudeckens und Vertuschens über den Haufen zu stoßen. Über die kleinen wie über die großen Heuchler, über die kleinen wie über die großen Spitzbuben fängt an ein unerbittliches Gericht zu ergehen, und in kurzer Zeit wird es von zerrissenen und zerschlagenen Larven, von zerfetzten Schleiern und schönen Lappen fliegen, wie weiland in Ägypten von Heuschrecken. Das merken die unsauberen Burschen und Bürschlein; daher das Zetergeschrei über »Schimpferei und Persönlichkeiten«. Gönnen wir ihnen noch eine Weile ihre Stimmchen und Stimmen, wie den Hennen das Gackern und den Gänsen das Schnattern; sie zeigen uns wenigstens, wo man die Leute sicher zu suchen hat, die dasitzen und brüten über faulen Eiern!

Über die Sünden der sogenannten »Persönlichkeiten«, weil das Register gar zu groß, Vorurteil und Irrtum zu tief gewurzelt ist, werden wir uns gelegentlich in einem besonderen Artikel erklären.

KONSTANZ UND DIE JUDENFRAGE

Die Verhandlungen des großen Bürgerausschusses über die Judenannahme in Konstanz, welche diese Blätter im Auszug veröffentlichten[5], liefern gerade kein schmeichelhaftes Bild von dem größten Teil desselben. Man erwartete übrigens wohl, die Stimme des Egoismus zu vernehmen, und war vorbereitet auf hartnäckigen Widerstand, hauptsächlich seitens der Handelsleute und Krämer, aber dass man sich auf den moralischen und religiösen Boden gestellt und von dort aus die Judenaufnahme zu bekämpfen suchte, musste überraschen.

Die meisten Gegner scheinen die Juden überhaupt nur vom Hörensagen zu kennen – etwa von der Mutter oder Amme aus, von denen sie ihn schon in frühester Jugend als Popanze aufgestellt wurden – und die nun ihren Abscheu noch nicht abzustreifen vermochten. Einige wollen sich zwar viele Erfahrungen auf Reisen gesammelt haben, aber, wie aus ihren Urteilen hervorgeht, waren sie entweder nicht befähigt oder sie fühlten sich nicht veranlasst, damals diesen Gegen-

5 Eine Artikelserie in den Seeblättern, beginnend mit der Nr. 78 vom 1. Juli 1847 und endend mit der Nr. 99 vom 25. Juli 1847 mit dem (hier abgedruckten) Schlussartikel »Das Judenstatut von Konstanz«.

stand einer ernstlichen Prüfung zu unterwerfen. So saßen sie denn mit den uralten Vorurteilen gegen die Juden zu Gericht und überhäuften sie mit Schmähungen, die jeden fühlenden Menschen empören mussten; sie machten ihnen Dinge zum Vorwurf, die, wenn der Gegenstand nicht zu ernst wäre, Lachen erregen müssten. Einer dieser Judenfeinde hat sich viel Mühe gegeben, dir Irrtümer ihrer Religion an den Tag zu bringen, um dadurch zu beweisen, dass sie nicht würdig seien, bei Christen zu wohnen. Er spricht weder von Reisen noch von Erfahrungen, hole aber von einem Funde, nach welchen die gelehrtesten Leute bisher vergebens gesucht und den er, weiß Gott wo, im Pentateuch oder Talmud gemacht haben will; nämlich: dass die Juden ein religiöses Privilegium besitzen, Nicht-Juden zu betrügen. Angenommen (aber nicht zugegeben), dass sie von der alle Menschen umfassenden Nächstenliebe durch ihre Religion entbunden wären; wie will man daraufhin begründen, dass die Christen dadurch der Pflichten gegen die Juden bar und ledig sind und sie nicht als gleichberechtigte Menschen zu betrachten haben? So tief er sich auch in die Bibel hineingearbeitet, hat er doch die 1000 von christlichen Pflichten handelnden Sprüche und Gleichnisse unbeachtet gelassen. Er hat das Judentum studiert und dabei die eigene Religion aus den Augen verloren.[6]

Von jeher hat man Mitgefühl mit den unglücklichen Völkern gehabt, die ihren Glanz und ihre Größe eingebüßt,

6 (Fußnote im Original) Wir dürfen übrigens gern darauf verzichten, das Gebot der Nächstenliebe auf dem Papier zu sehen, müssen aber wünschen, dass es jedem (Juden wie Christ) mit Flammenschrift im Herzen geschrieben stehe.

und auch die Bewohner von Konstanz haben dies bei einer Nation bestätigt, die schon oft durch blutige Gewalt ihre Wiedererhöhung erzwingen wollte; aber für das Unglücklichste aller Völker, das Heimat und Nationalität verloren, das seit fast zwei Jahrtausenden zerstreut in allen Weltgegenden wohnt und schweigend duldet, hegt man keine Sympathie, seine unschädlichen Träume macht man ihm zum Vorwurf und spottet seiner lieblichsten Illusionen.

Standen die Juden in moralischer Beziehung wirklich so tief unter den Christen, so müssten ihnen diese umso schneller die Hand reichen und sie zu sich erheben, um endlich die schwere Schuld zu sühnen; und die Frage der Judenannahme musste vom moralischen wie religiösen Standpunkt aus (denn hier gehen Moral und Religion Hand in Hand) bejaht werden.[7] Was die materiellen Interessen betrifft, wenn sie unter diesen Umständen überhaupt noch in Erwägung gezogen werden konnten, so ist es gewiss, dass sie durch den finsteren Geist der Unduldsamkeit[8] nimmer gefördert werden, und wenn dieser Geist nicht zu bannen ist, dürfte nur zu bald in Erfüllung gehen, was bereits geschrieben steht:

7 (Fußnote im Original) Sie wurde zwar bejaht, aber, wie aus den Bedingungen leicht ersichtlich, war dieser Sieg weniger das Ergebnis der Humanität als vielmehr der Politik, obschon diese Politik keine Früchte tragen wird; denn es ist wohl nicht zu erwarten, dass unter solchen Umständen so viele Juden sich einfinden werden, dass der Stadt ein wesentlicher Vorteil daraus erwüchse.

8 (Fußnote im Original) Zwar wollen sich die Unduldsamsten der Intoleranz nicht beschuldigen lassen und stützen sich zumeist auf das gute Einvernehmen zwischen Katholiken und Protestanten, aber die Stimmung gegen die Juden sowohl wie gegen eine »neue christliche Gemeinde« dahier beweist genügend, wie weit man im Allgemeinen von religiöser Duldung noch entfernt ist.

dass ein Fluch auf Konstanz laste, demzufolge die Stadt veröde und Gras in ihren Straßen wachse! (...)

Ein von Konstanz kommender Israelit wurde befragt, was es in Konstanz Neues gebe. »Eine sehr wichtige Neuigkeit«, erwiderte dieser. »Die Konstanzer bauen eine Eisenbahn durch das Kinzigtal, damit die reichen jüdischen Großhändler von Amsterdam, Köln, Mainz, Frankfurt und Mannheim geschwind nach Konstanz kommen können.« Ein nicht erfreulicher, aber auch nicht ganz misslungener Witz!

Über die Aufnahme der Juden in diese Stadt in allen ihren Beziehungen sich zu verbreiten, ist hier der Raum zu beschränkt. Zu bemerken ist jedoch, dass, wenn es der Stadtgemeinde einerseits durchaus nicht zu verargen ist, dass sie nicht jedem Schacher- und Wucherjuden Tür und Tor öffnet, so hat sie andererseits die Aufnahme der Juden mit solchen Bedingnissen verbunden, die der guten Sache nur schaden, oder den Zweck ganz verfehlend machen kann. Nicht das Geld allein ist es, welches durch die Juden in größeren Handelsstädten Leben und Wohlstand brachte, sondern die Emsigkeit, Rührigkeit und Sparsamkeit der Juden selbst, die ihnen gleichsam angeboren ist, und durch Handel, den sie liebgewinnen mussten, weil er der einzige Nahrungszweig war, in welchen sie sich bewegen durften und durch welchen sie Wohlstand auch in ihre Umgebung brachten.

Der Handel selbst, welcher schon manchen Beschränkungen unterliegt, duldet in seinem Innern keinen Zwang. Es ist keine Seltenheit, dass ein umsichtiger und tätiger Kleinhändler sich zum Großhändler, ein tüchtiger, fleißiger Handwerker zum Fabrikanten geschwungen. Manches Handlungshaus, dem große Kapitalien zu Gebote standen, ist zugrunde gegangen, während ein anderes, dessen größtes Kapital in seiner Tätigkeit, Umsicht und durchdachten treffenden Berechnungen bestand, sich zu einem solchen ersten Ranges erhob.

Wäre man von diesem Standpunkt ausgegangen, so würden sich die Bedingnisse ganz anders gestaltet haben. Allein Rom ist nicht an einem Tag gebaut worden, und es lässt sich von der humanen Gesinnung der Stadtgemeinde Konstanz erwarten, dass sie nach gewonnener besserer Überzeugung das harte und Unzweckmäßige dieser Bedürfnisse beseitigen werde. Der erste und wichtigste Schritt ist getan; die Gemeinde der, wenn auch nicht glücklichen, in geschichtlicher Beziehung berühmten und lieblichen Stadt Konstanz ist es, die aus freiem Willen ihren Brüdern mosaischen Glaubens zuruft: »Kommt, ihr Gutgesinnten aus dem Stamme Israels, wir wollen von euch die Schmach, welche Jahrhunderte schwer auf euch lastete, abwälzen, und euch, soweit die Gesetze es gestatten, auf der Stufe bürgerlicher Ehre uns gleichstellen!« – Dank, innigsten Dank zollen ihr alle Menschenfreunde für diese edle und zeitgemäße Handlung; und die gutgesinnten Juden (man glaube mir, es gibt deren noch viele), die, wie alle misshandelten, so gern ihre Zuflucht zum Gebete nehmen, werden mit gerührtem Herzen Glück und blühenden Wohlstand für die Stadt Konstanz und ihre Bewohner vom Vater aller Menschen erflehen. Die Verhandlungen des Gemeinderats und der beiden Bürgerausschüsse bieten nichts Erhebliches dar. Die Redner sprachen sich nach ihren individuellen Ansichten aus, und je nachdem sie die Juden von Licht- oder Schattenseite kennenzulernen Gelegenheit hatten; was man auch bei den Kammerverhandlungen über die bürgerliche Gleichstellung der Juden wahrnehmen konnte. Mancher humane und freisinnige Redner kämpfte gegen dieselbe, weil er in seinem Wirkungskreis als Vorstand eines Bezirksamtes, welches viel mit jüdischen Viehhändlern, Schacherern und Wucherern bevölkert ist, die Juden von der schlimmsten Seite kannte; während Gelehrte, welche mit jüdischen Gelehrten in Berührung kommen, Kaufleute, welche mit soliden Handelshäusern und Handwerkern im Verkehr stehen, sie daher von der guten Seite kennen, sich mit Wärme dafür aussprechen.

Eine Ausnahme machte Herr Gemeinderat und Kaufmann Poinsignon, welcher seine konzeptierte Rede aus den von christlichen und jüdischen Gelehrten längst schon widerlegten Schmähschriften eines Rühs, Fries, Hartmann, Hundradowski[9] usw. geplündert zu haben scheint. Ein Kaufmann spricht einer ganzen Religionsgenossenschaft, deren Religion die Mutter der christlichen ist, alle politischen und sittlichen Fähigkeiten ab, und behauptet, dass derselben vermöge ihrer Gesetze erlaubt sei, zu rauben und zu betrügen; und dies alles will er aus dem Alten Testament beweisen, aus einer alten Urkunde, die auch den Christen heilig ist. Manchen seiner Zuhörer mag bei den vielen Zitaten aus dem Alten Testament, mit welchem er sie gelangweilt haben soll, unwillkürlich auch jenes Kapitel im gleichen Buch ins Gedächtnis gekommen sein, nach welchem ein Esel gesprochen. Für Herrn Poinsignon dürfte es ratsam sein, die Beweise seiner

9   Friedrich Rühs, Jacob Fries, Anton Hartmann und Hartwig von Hundradowski waren Autoren, deren antijüdischen Texte zu Beginn des 19. Jahrhunderts der Frühgeschichte des völkischen Antisemitismus zugeordnet werden.

Behauptung in seinem Krämerkasten zu suchen; Erklärungen und Deutungen des Alten Testaments aber den Gelehrten vom Fach überlassen.

Das Judenstatut in Konstanz

Nachdem wir die Verhandlungen über Aufnahme der Juden in hiesiger Stadtgemeinde so umfassend mitgeteilt, als das allgemeine Interesse, welches diese Frage in sich schließt, zuließ, sei es uns vergönnt, eine zusammenhängende, kurze Betrachtung über das Endergebnis derselben hier niederzulegen. Wir hatten gleich von vornherein darauf verzichtet, die Lösung dieser Frage vom vernünftigen, das heißt vom rein-menschlichen Gesichtspunkt aus zu verlangen und zu betreiben; weil es uns darum weniger zu tun war, unwiderlegbare Reden über die Anforderungen der Gesittung zu halten, als einen tatsächlichen Erfolg und Fortschritt zu erringen, zum Wohl jenes gedrückten Teils unserer Mitbürger, zum Wohl der darniederliegenden Verhältnisse unserer Vaterstadt; und weil wir das Recht an der bürgerlichen Gesellschaft anerkennen, mit der Rücksichtnahme auf die Anforderungen der Gesittung und der Menschlichkeit, auch den Schaden von sich als bestehenden Gemeindekörper abzuwenden. Der letzteren Rücksicht ist zu viel, der ersteren zu wenig Rechnung getragen worden, aus diesem Grunde sind drei große Schwächen in das Judenstatut der Stadt Konstanz gekommen: Nachdem nämlich den Juden ein fünfzehnmal so hoher Vermögensausweis zugemutet wird als anderen Staatsbürgern, nachdem sie fast die vierfache Aufnahmetaxe und den doppelten Betrag an die Armenkasse entrichten müssen, hätte man deren Aufnahme nicht von der *Gnade* der

Gemeinde abhängig machen, sondern ihnen einen *Rechtsanspruch* darauf, wie christlichen Bewerbern, einräumen sollen. Den Vorstoß hiergegen bezeichnen wir als die erste Schwäche des Statuts. Nachdem aber die Gemeinde so schwere Aufnahmebedingungen stellte und überdies bei genauester Erfüllung derselben sich ihre Zustimmung noch vorbehielt, musste sie den Aufgenommenen jedenfalls mit jedem anderen Bürger Befugnis zum Gewerbebetrieb *gleichstellen;* dies erforderten Gerechtigkeit und Klugheit zugleich. Durch Verkennung dieser Pflicht empfing das Statut die zweite Schwäche. Die dritte Schwäche und die drückendste Ungerechtigkeit aber liegt darin: dass dem jüdischen Handwerker die unerschwingliche Summe von 10 000 fl. Vermögensausweis aufgebürdet wurde, während jedermann anerkennen muss, dass die Hälfte dieser Summe nicht allein mehr als hinlänglich sowohl zu seinem Gewerbebetrieb als zum Ankauf einer mit demselben Verhältnis stehenden Liegenschaft gewesen wäre, und dass ferner nicht allein Regierungen und Kammern, sondern die erleuchteten Menschenfreunde aller Staaten längst laut bekannten, dass die Förderung des Betriebes von Handwerkern unter den Juden der Haupthebel wäre, die bei einem Teil derselben herrschenden sittlichen und gesellschaftlichen Gebrechen zu heilen. Wie kann man den Juden aber auf der einen Seite zumuten, Gewerbe zu erlernen, wenn man denselben auf der anderen Seite die zu deren Ausübung einzig geeigneten Plätze unzugänglich macht?

Doch abgesehen von diesen Schwächen, muss man auf der anderen Seite dennoch anerkennen, dass durch Annahme des Grundsatzes der Judenaufnahme die Stadtgemeinde Konstanz einen verdankenswerten Fortschritt auf der Bahn der menschlichen, der gesellschaftlichen Freiheit getan. Wir wissen es zu würdigen, dass unsere Mitbürger es vermochten, in der Hauptsache ein Vorurteil abzuschütteln, welches religiöse Unduldsamkeit und schnöder Eigennutz fast zwei Jahrtausende gehegt und gepflegt, und welchem Trotz zu bieten, noch vielen hervorragenden Volksmännern, den meisten deutschen Kammern und Regierungen der Mut mangelt.

Wir wissen es zu schätzen, dass diese edle Gesinnung, diese Wegwerfung der Furcht vor persönlichem Schaden hauptsächlich zu finden war bei dem sogenannten ungebildeten Teil des Volkes, beim Handwerkerstand, während Männer von Bildung und Einsicht sich zu Verfechtern der traurigsten Grundsatzlosigkeit, der erbärmlichsten Rücksichten hergaben, und es selbst nicht verschmähten, gegenüber der Erfahrungen allerorts die Furcht der Mindergebildeten mit hohlen Redensarten und Flitterschimmer anzurufen.

Den ewigen Gesetzen der geistigen Bildung vertrauen wir, dass die Überwindung des Hauptvorurteils auch die Besiegung der noch stehengebliebenen Reste menschlicher Schwäche erleichtern und herbeiführen werden. Wir hoffen, dass es uns doch gelingen wird, jüdische Ansiedler als Mitbürger zu erhalten, und dass der Umgang mit denselben und die Erkenntnis ihrer vorteilhaften Einwirkung auf die gewerblichen Verhältnisse hiesiger Stadt mehr dazu beitragen wird, den Widerstand der Beschränktheit, des Eigennutzes und der Rohheit zu beseitigen, als gesprochene und geschriebene Worte dies vermögen. – Wir aber werden fortfahren, dieser Sache unserer innigsten, heiligsten und uneigennützigsten

Überzeugung als Organ zu dienen, unbekümmert um die Verunglimpfungen, mit welchen Dummheit und Niedertracht unser Streben aus feigem Dünkel antasten. Und wenn wir es je der Mühe wert erachten sollten, die Spur blödsinniger oder boshafter Lügner aufzusuchen, um dieselben ans Tageslicht zu ziehen, so wird dies keineswegs aus persönlicher Rücksicht, sondern lediglich um der Sache willen geschehen, welcher man durch Verdächtigung ihre Verfechter zu schaden versucht. Wir schließen hier einen Abschnitt unseres Wirkens in dieser Frage mit dem Wunsche: dass das Beispiel der Stadtgemeinde Konstanz ermunternd, aber auch lehrreich wirken möge auf die übrigen Städte des Landes und auf alle jene, welche berufen sind, mitzuwirken an dem großen Werk der Befreiung der Menschheit von den Vorurteilen und Ungerechtigkeiten vergangener Jahrhunderte.

ÜBER DIE TRENNUNG DES STAATES
VON DER KIRCHE

Um diese Frage vom richtigen Standpunkt zu beurteilen, ist es notwendig, vor allen Dingen die Grundbegriffe festzustellen. Der Mensch ist nicht nur ein Einzelwesen, er ist auch Gesellschaftswesen. Er kann den Zweck seines Daseins nur erfüllen, wenn er mit anderen, gewöhnlich durch dieselbe Sprache verbundenen Volksgenossen, sich vereinigt, um unter demselben Rechtsgesetz zu leben. So entstehen Staaten. Der Staat ist mithin diejenige Urform der Gesellschaft, mittels welcher ein Volk sein natürliches Dasein beginnt, im Verlauf seiner Geschichte sich als sittliches Gemeinwesen entwickelt (...). Der Staat ist also die durch das Rechtsgesetz vermittelte allgemeine Form der Sittlichkeit und Freiheit; denn das Recht des Individuums und des Volkes ist freie Betätigung seines Wesens und seines Daseins. Wenn Alexander von Humboldt sagt: »Alle Menschen sind gleichmäßig zur Freiheit bestimmt«, so müssten wir, indem wir diese große Wahrheit anerkennen, hinzufügen: Das Mittel, wodurch sie diese ihre Bestimmung allein erreichen können, ist der Staat; nur in dem Staat und durch den Staat reift der Mensch zu einem sittlichen Wesen heran, und nach Maßgabe der fortschreitenden Entwicklung eines Volkes verwandelt sich der Polizeistaat mit innerer Notwendigkeit allmählich in den Rechtsstaat. Ist nun der Staat der weiteste Kreis, gewissermaßen die Urkorporation innerhalb und mittels welcher das ganze menschliche Dasein zur Entwicklung gebracht wird, so fragt es sich: *Was ist die Kirche?* Unter Kirche im weitesten Sinne versteht man die Gemeinschaft der Gläubigen, im Besonderen aber – da mehrere Kirchen nebeneinander bestehen, die alle gleiche Berechtigung aussprechen – eine Gemeinschaft von Gläubigen, die das Wesen einer positiven Religion unter einer bestimmten eigenständigen Form erkennen. Im Mittelalter, da die europäischen Volksvereine den Namen Staat kaum verdienten, da die europäische Menschheit noch im Zustand völliger Barbarei sich befand: Da war die römische Kirche ein einziger wohlorganisierter Glaubensstaat, mächtiger als alle übrigen Staaten zusammengenommen, weil er sich einesteils auf den Fanatismus der damaligen Völker stützte, und andernteils weil er in jener Zeit der Unwissenheit und des Aberglaubens alle Bildung in seiner hierarchischen Gliederung allein in sich fasste, zugleich aber, was nicht verkannt werden darf, die einzige mächtige Schutzwehr gegen Gewalt und Willkür der Mächtigen dieser Barbarei. Die Herrschaft dieser Kirche, die mit ihrem Anspruch Hand in Hand ging, ein Universalstaat der Christenheit zu sein, von dem alle Übrigen Ursprung und Berechtigung abzuleiten hätten, konnte nur so lange dauern, als er die einzige mögliche Geistesform für die Bedürfnisse des Mittelalters war. Als daher der Augenblick der Prüfung gekommen war, zerfiel die allgemeine abendländische Kirche in mehrere besondere Kirchen; aber mit

dem Zerfall der allgemeinen Anschauungsweise des Chris-
tentums im Abendland in verschiedene besondere Formen,
war der Nerv der Kirche, ihre Einheit zerstört, damit ihre
Herrschaft untergraben, Und ihre Mission begann an die
einzelnen Staaten überzugehen, so kam ein neuer Geist über
Europa, und aus den Trümmern des großen mittelalterlichen
Glaubensstaates erhoben sich allmählich die Grundfesten zu
dem modernen Reich der Forschung und Freiheit, an dessen
Aufbau die heutige europäische Menschheit mit so großem
Eifer und so entschiedener Energie arbeitet.

Während das große kirchliche Glaubensreich in seinen
tiefsten Gründen erbebte, lösten sich aus seinem Schoße
verschiedene Kirchen ab (...). Vor dem Auge der Vernunft
würde es indessen als Versehrtheit und Anmaßung erscheinen, wenn ein einzelnes Rad sich der ganzen künstlichen
Maschine, wenn das Auge oder der Arm etwa sich den ganzen
Organismus des schön gegliederten Körpers gleichstellen
wollte; dieselbe Anmaßung ist es aber, wenn die Kirche als
etwas Gleichberechtigtes sich mit dem Staat in Reih und
Glied stellt. Die Kirchen oder Glaubensgemeinschaften sind
nichts als einzelne bestimmte abgegrenzte Momente in dem
sozialen Gesamtleben eines Volkes; es sind seine abgeleiteten
Korporationen, die nur Leben und Bestand in der großen
Urkorporation und durch dieselbe haben; sie bilden nur eine
bestimmte Abschattung in dem großen Entwicklungsprozess
des Gesamtmenschen im Staate; sie singen nur einen einzelnen bestimmten Ton in der Harmonie des Ganzen.

Fortsetzung

Was wenn der Zweck des Staates der ist, den ganzen sozialen Menschen darzustellen und somit das Reich der Sittlichkeit und Freiheit zu sein; wenn der Staat die Aufgabe hat, die gesamten materiellen und geistigen Kräfte des Menschen zur vollsten Entwicklung im Kulturleben aller zu führen: So beschränkt sich dagegen die Aufgabe der verschiedenen Kirchen nur auf ein sehr untergeordnetes Moment dieses Gesamtlebens, und während schon die Wissenschaft die höhere Sphäre des Geistes, das durch die Vernunft vermittelte Wissen anbaut, begnügt sich die Kirche mit dem Anbau des auf dem Gefühlsleben beruhenden Glaubensgebietes. – Wenn man also hiernach die verschiedenen Kirchen, wie sie sich im Laufe der Zeit als religiöse Anschauungswelten gestaltet haben, gewissermaßen immerhin noch als Kulturanstalten, wiewohl von viel geringerem und vermindertem Einfluss als in den Jahrhunderten des Mittelalters, gelten zu lassen geneigt sein möchte: So müssen wir uns doch auf das Allerentschiedenste gegen ihre Anmaßung erklären, sich mit dem Staat auf gleiche Linie zu stellen und mit demselben, wie mit ihresgleichen, unterhandeln und Verträge abschließen zu wollen. Die Kirche ist nicht mehr und nicht minder als eine von den vielen im Laufe der Zeit auftauchenden Kulturanstalten, die im Kindheitsalter der Völker, da sie noch im instinktartigen Gefühls- und Glaubensleben befangen sind, am allgemeinen Humanitätswerk mitarbeitet, nach erwachtem Bewusstsein und erlangter Mündigkeit der Völker aber ihre Aufgaben an die Schule abzugeben hat. Sie ist daher in unseren Tagen von weit geringerer Bedeutung als die Schule – eine Wahrheit, die man nicht oft genug wiederholen kann und die den Stolz der hohen kirchlichen Würdenträger wohl etwas mindern möchte, wenn sie nicht die unvergleichliche Kunst besäßen, auf beiden Ohren taub zu sein. Im Zeitalter der Barbarei des Mittelalters war die große abendländische Kirche die alleinige Schule für die sich aus der Kindheit empor ringende Menschheit; hier hatte sie als solche, und nur als solche, ihre volle entschiedene Berechtigung; hier war sie unstrittig das erkennbare Kulturmittel jenes eifernden Zeitalters. Allein, als die von ihr nach ihrer Weise geschulten Barbaren zu den Jahren ihrer Mündigkeit gelangt waren; als der Mensch im Zeitalter der Reformation sich aus den Armen der träumerischen Glaubenswelt loszureißen begann und auf der Bahn des selbstbewussten Denkens rüstig vorwärts zu eilen strebte: Da emanzipierte er sich von der Erziehungsmethode der Kirche, er wollte nicht ferner mehr allein auf das Wort des Lehrers, das heißt der Kirche, schwören; er wollte fortan selbst prüfen und für wahr halten, wovon der Geist in ihm Zeugnis ablegte, und so entwickelte sich nach und nach und ganz unvermerkt aus der Kirche und neben der Kirche die Schule – eine Schule, die nicht mehr aus dem Glauben, wohl aber auf Forschung und Wissen gegründet war –, es entwickelte sich das Ideal der unabhängigen Schule der neuen Zeit, die heutigen Tages alle denkenden Köpfe beschäftigt, und an deren harmonische Ausbildung viele Wohldenkenden die ganze Aufgabe ihres Lebens setzen. Mit dem Zerfall der Kirche, als Schule der herangereiften Menschheit, verschwindet aber auch ihre hervorragende Bedeutung für den Staat, und diese Bedeutung geht auf die Anstalt über, die an ihre Stelle getreten ist und die der Staat als größte Kulturanstalt unserer Tage, und als völlig übereinstimmend mit seinem Zweck, mit ungeteilter Aufmerksamkeit behandeln muss und mit allen erforderlichen Mitteln ausstatten muss. Hat nun aber einmal eine Geistesform in der Welt den Zweck ihres Daseins erreicht; hat sich der Geist in seinem Entwicklungsprozess andere Formen geschaffen, mittels welcher er sich beschäftigt: So hilft keinerlei Kunst mehr, das absterbende Leben zurückzurufen, und der Staat als die Erschaffung alles objektiven Geistes hat am wenigsten die Mission, ein Totes und Abgestandenes mit neuem Leben auszurüsten, und zwar umso weniger, als ja für das Abgestorbene bereits eine neue Jugend, ein neues Leben erstanden ist. Hiermit soll nun aber durchaus nicht behauptet werden, dass unsere heutige Schule jenen Grad von Vollkommenheit erreicht habe, dass sie nicht mehr zu wünschen übrig ließe. Ihre Organisation ist, zum Teil durch den überwiegenden Einfluss der Kirchen, noch in vielfacher Beziehung höchst mangelhaft, hauptsächlich darin, um nur einiges namhaft zu machen, dass sie noch größtenteils nach kirchlichen Glaubensbekenntnissen gesondert ist; dass nicht allen, auch den untersten Volksklassen, das ganze Reich des Wissens zugänglich gemacht und aufgeschlossen wird, und dann, dass noch keine allgemeine Form der Schule für das reifere Alter geschaffen ist. (Schluss folgt)

Schluss
Wenn also anerkanntermaßen der Beruf der Kirche als große Erziehungsanstalt der heutigen Menschheit auf die Schule übergegangen ist: So sollten folgerecht auch die ganzen Unterhaltskosten, welche der Staat der Kirche zuwendet, auf die Schule übertragen werden, während man es von

Seiten des Staates allen denjenigen überlassen könnte, die ein Bedürfnis haben, die eine oder die andere Kirche in ihrer Bedeutung als Glaubensanstalt und Form der religiösen Anschauung aufrechtzuerhalten, selbige auch aus eigenen Mitteln zu unterhalten und nach Geschmack und Bedürfnis auszustatten, wie dieses ja heutigen Tages bekanntlich mit dem deutschkatholischen, israelitischen und anderen Glaubensgemeinden, und gewiss nicht zum Nachteil des jüdischen und religiösen Geistes solcher Gemeinden, der Fall ist. Der wahre Staat, der Staat, wie er sein soll, hat kein anderes Interesse an den verschiedenen Kirchen als an jeder anderen Korporation zu guten, das Wesen des Staates nicht benachteiligenden Zwecken, und so wird er vernünftigerweise alle religiösen Glaubensgemeinschaften oder Kirchen nebeneinander bestehen lassen können, wenn sie nur in ihren Satzungen und Lehren dem Staatszweck nicht geradezu widerstreben: Er hat sie, mit einem Wort, freizugeben. Dieses Problem des Staates ist aber nicht erst zu lösen, es ist schon gelöst in Nordamerika, und zwar so, dass bei dem freiesten Nebeneinanderbestehen der verschiedenen religiösen Glaubensgesellschaften, weder geistiges noch materielles Wohl der dortigen Bürger bisher im Mindesten gelitten hätte.

Allein in Europa scheint man noch von Seiten gewisser Staatsmänner aus der alten Schule von zwei Vorurteilen befangen zu sein: einmal, indem man annimmt, dass der Staat, als sogenannter »christlicher Staat«, die zunächst von ihm anerkannten christlichen Glaubensbekenntnisse aufrecht zu halten und mit seiner ganzen Machtfülle zu schützen und zu unterstützen habe; das andere Mal, indem man stillschweigend annimmt, dass der Staat, als zum Teil noch

bestehender Polizeistaat, die Kirchen als moralische Zwangs-
anstalten nötig habe, um den Menschen mittels ewiger Straf-
androhungen williger und geneigter für die Befolgung mancher bestehenden Machtgebote zu machen. Was aus diesen
Gründen, und nebenbei auch, weil sich die Mächtigen dieser
Erde noch nicht zur geistigen Höhe Friedrichs des Großen
zu erheben vermögen, um sich von den beengenden Schranken einer Konfession zu befreien: aus diesen Gründen, sage
ich, werden in Europa noch die Kirchen mit großer Hart-
näckigkeit von gemeinen Staatsmännern als die bevorzugten
und notwendigen Staatsanstalten festgehalten. Wenn man
nun auch, was den ersten Grund betrifft, zugeben muss, dass
unsere heutigen europäischen Staaten inmitten der christlichen Weltanschauung ihr Dasein haben; wenn man zugeben
muss, dass der Entwicklungsgang der heutigen Menschheit
ein vorzugsweise und spezifisch christlicher ist: So kann
doch die Bezeichnung »christlicher Staat« höchstens nur
gerechtfertigt sein, wenn man einen Gegensatz etwa zu mer-
kantilistischen Staaten ausdrücken will; im Übrigen muss
auch ein sogenannter »christlicher Staat« in angeführter
Bedeutung als Staat konfessionsfern sein, während er so –
bei der Vielfältigkeit der Bekenntnisse, die alle mehr oder
weniger die Neigung haben, die nicht mit ihnen Überein-
stimmenden für nichtchristlich zu halten – den einzelnen
Glaubensgemeinden überlassen müsste, in welcher kirchlichen Form sie ihre Ansicht vom Christentum bekennen
wollen, wenn sich nur diese Gemeinden so viel praktischen
Geist vom Christentum gerettet haben, dass ihre Anhänger
als sittliche Menschen rechtschaffene Staatsbürger sind. Was
aber die Ansicht betrifft, dass der Polizeistaat, zur besseren

Beherrschung der Untergebenen die vom Kirchenglauben ausgehenden Verheißungen von Lohn und Strafe in einem künftigen Leben zu unterstützen habe: So ist dieselbe mit einem würdigen Begriff vom Staat schlechterdings unvereinbar, indem sie mit der allgemeinen Endlichkeit im gänzlichen Widerspruch steht, da nur die Handlungen sittlichen Wert haben und eines menschlichen Wesens würdig sind, die nicht durch die Erwartung von Lohn und Strafe, wohl aber aus freiem Entschluss des Menschen, aus Liebe zum Guten und Rechten und aus Abscheu vor dem Bösen und Unrechten vermittelt und hervorgerufen werden. Nur Handlungen der letzten Art haben wahren sittlichen Wert. Eine Denkart, aus welcher sie hervorgehen, vermittelt die Wissenschaft durch die Schule, nicht aber die Kirche mit ihrer Lehre von einem zu erwartenden Lohn oder einer Strafe in einem anderen Leben. In einer Zeit, wie die unsere, werden solche Lehren höchstens nur noch Kinder imponieren, und so könnte in dieser Beziehung die Kirche als notwendige Hilfsanstalt für die Zwecke des Polizeistaates keinerlei Bevorzugung und Berechtigung in Anspruch nehmen. Die ganze heutige Bildungsanstalt, das ganze heutige Bewusstsein drängt mit unwiderstehlicher Gewalt zu der Forderung, dass der von seinem wahren Wesen durchdrungene Staat alle Glaubens- oder Kirchengemeinschaften freigebe, und nur dann Notiz von ihnen nimmt, wenn sie Lehren verbreiten, die gegen die allgemeine Sittlichkeit oder die Staatssicherheit verstoßen. Auch hier –wie in politischer Beziehung – ist uns Amerika vorangeeilt, Amerika, das wir wohl mit dunklem Vorgefühl jener künftigen Weltstellung und seiner sittlichen Zukunft die »Neue Welt« genannt haben.

EIN DEUTSCHES PARLAMENT

Ihr habt anno 15 in Frankfurt gegründet
Den deutschen Bund[10], und den Deutschen verkündet:
Jetzt würden sie frei und glücklich erst sein –
Doch den Michel, den schläfert Ihr nie wieder ein!

Der jetzige Zeitmoment verschafft dem Satz, von Struve[11] aufgestellt, seine richtige Geltung: »Je größer die Anzahl der Männer im Volke ist, welche an den Angelegenheiten des Vaterlandes tätigen Anteil zu nehmen

10 Der *Deutsche Bund* war ein Staatenbund, auf den sich im Jahr 1815 die »souveränen Fürsten und freien Städte Deutschlands« mit Einschluss des Kaisers von Österreich und der Könige von Preußen, von Dänemark und der Niederlande geeinigt hatten. Dieser Bund existierte von 1815 bis 1866 und hatte als Aufgabe, die innere und äußere Sicherheit der Gliedstaaten zu gewährleisten. Er scheiterte schließlich vor allem am politischen Machtkampf zwischen Preußen und Österreich.

11 *Gustav Karl Johann Christian von Struve* bzw. nach der Ablegung seines Adelstitels im Jahre 1847 Gustav Struve (1805–1870) war ein deutscher Rechtsanwalt und Publizist im Großherzogtum Baden. Als radikaldemokratischer Politiker trat er für ein föderativ-republikanisches großdeutsches Staatswesen ein. Neben Friedrich Hecker leitete er den im April gescheiterten Versuch, die badische Monarchie mit Gewalt zu stürzen.

imstande sind und sich dazu berufen fühlen, desto weiter ist die Entwicklung des Volkes gediehen.« – Die Staatsformen, in welchen sich die Völker bewegen, richten sich genau nach den Eigenschaften der Individuen, nach ihrer Bildungsstufe; mit jeder neuen erweiterten geistigen Entwicklung im Volk werden Änderungen in der Staatseinrichtung notwendig; die Volksfreunde streben nach Einführung derselben, allein ihren Bestrebungen stehen die Anhänger der Monarchie mit der größten Starrigkeit entgegen; dennoch aber, ungeachtet der Despotie, erweitern sich die gerechten, mit der zunehmenden Bildung gleichen Schritt haltenden Anforderungen des Volkes, und gelangen so auf eine Stufe, wo man mit Gewalt und Energie den Zeitforderungen Geltung verschafft. Wir sind unter dem elendesten Druck der Tyrannen dennoch in eine Periode eingetreten, in der man die Monarchie samt ihren Verbesserungen, die repräsentative und konstitutionelle Monarchie, als ein dem Aufstreben unserer freien Entwicklung gefährliches Hindernis deutlich erkennt. Schon Plato erklärte die Monarchie als Tyrannei, wo einer an der Spitze steht und wie ein Fuchs milde scheint, dass man ihn Vater des Vaterlandes nennt, endlich aber, wie ein Wolf und Tiger um sich frisst, seine Hände mit Menschenblut befleckt, die Tempel beraubt, eine Bande fremder Lohnknechte zu Trabanten hat und dadurch zum allgemeinen Abscheu wird. – Die Schweiz hat mit Waffengewalt der pfäffischen Verdummung ihres Volkes Schranken gesetzt. – Italien erkämpft sich Konstitutionen. – Frankreich hat dem so mächtigen Louis Philippe die Krone mit Gewalt genommen und die Republik proklamiert. Das Volk fühlte sich reif zur Ausführung, zur Feststellung seiner Rechte, denn davon zeugt der so ehrenhaft geführte Kampf und die nach errungener Freiheit eingetretene Ruhe und Zurückkehr zu den Geschäften. – Belgien hat ebenfalls dem Königtum den Garaus gemacht. – Diesen vorausgegangenen Umwälzungen scheinen in Bälde andere auf dem Fuße zu folgen; das deutsche zersplitterte Volk beginnt sich zu einen, um durch ein deutsches Parlament seine Rechte und seine Geltung nach außen zu gründen. – Unsere Bürger versammeln sich, um durch schriftliche Forderungen jetzt endlich einmal von der Regierung die schon längst zurückgehaltenen, wiewohl versprochenen Rechte anzusprechen. Als oberste Forderung bezeichne ich die schleunigste Einführung eines deutschen Parlaments, als das dringendste Verlangen des deutschen Volkes und als Übergang zur Volksherrschaft in ihrer Reinheit. – Unsere Regierung zeigt sich willig, beim Bundestag mit aller Kraft dahin zu wirken, dass diesem Verlangen vollkommen willfahren werde. – Allein hierin liegt keine Bürgschaft; der Deutsche ist mit Recht misstrauisch geworden, wozu ihm vielseitige Veranlassungen gegeben wurden. Das Volk fordert von seinen Vertretern das entschiedenste Auftreten, das schleunigste und strengste Verlangen, und sichert ihnen die treuste Unterstützung mit Gut und Blut. – Das Volk zeigt den Weg in dem gerechten Verlangen, dass die Opposition mit den gleichgesinnten Abgeordneten der anderen deutschen Bundesstaaten sich zusammenschare und dass diese Gesamtheit die schleunigste Einführung des deutschen Parlaments, ohne nachzugeben, verlange. Dies ist der Wille des Volkes!

PRÜFT, EH' IHR WEIHRAUCH STREUT!

Ist die Welt nun freier?
War's Kampf bloß, dass man Einem Macht entriss?
Nicht Völkerkampf zu steter Freiheitsfeier?
Soll Zwingherrschaft sich nochmals bläh'n als neuer
Gestifter Abgott aufgeklärter Zeit?
Die wir den Aar besiegten, soll der Geier
Uns Herrscher sein? – Soll Unterwürfigkeit
Servil vor Thronen knien?
Prüft, eh' Ihr Weihrauch streut!
Byron[12]

Diese ernste Mahnung des großen Dichters, niederge-
schrieben auf dem Schlachtfeld von Waterloo, war leider
nur zu begründet. Vergessen waren die in der Not gegebenen
Versprechen, als diese Not selbst beseitigt war. Leer gingen
die Völker aus, welche Tyrannei abzuschütteln und sich
Freiheit zu erkämpfen wähnten. Die Welt war nicht freier;
es war ein »Kampf bloß, dass man Einem Macht entriss«.

12 *George Gordon Noel Byron (1788–1824)*, bekannt als Lord Byron, war
ein britischer Dichter, der sich in seinem Leben und in seinen Texten
gegen alle gesellschaftlichen Konventionen stellte.

Wenn dieses Geschick alle Völker Europas traf, so traf es doch kein Volk härter als das deutsche; das Volk, welches gerade die größten Anstrengungen gemacht, die Opfer gebracht, das meiste Blut verspritzt hatte – und nicht darum, dass »Zwingherrschaft sich wieder blähe«. Das deutsche Volk verlies den »Boden des Gesetzes« nie, trotzdem derselbe mehr und mehr unter den Füßen seiner Regierungen schwand, es bat nur, denn *fordern* schon war Hochverrat, aber die Bitten wurden nicht nur nicht bewilligt, sondern das Volk in seinen Rechten immer mehr verkürzt, und Hunderttausende verließen missmutig ihr Vaterland, um eine neue Heimat sich zu gründen. So trafen uns die Februartage[13], die ganz Europa erschütterten und ihm eine neue Gestalt zu geben drohen, und Deutschland, das zerstückelte Deutschland, soll sich plötzlich erheben, einig und – stark! Das in seinen Rechten so schwer gekränkte Volk soll auf einmal übersprudeln von Vaterlandsliebe, und die Fürsten, welche die Völker verachteten und verhöhnten, verlangen nun unerschütterliche Treue und heroische Aufopferung von denselben und bewilligen mit auffallender Hast, was sie sich seit dreißig Jahren durch inständiges Bitten nicht abringen ließen. Die Völker waren immer noch nicht reif – sonderbar, dass sie einige Februartage zur Reife brachten! Wir wollen das Vertrauen zwischen Fürst und Volk in dieser bewegten Zeit nicht stören und wünschen nicht, dass das in Deutschland durch Fürstenschergen vergossene Blut gerächt werde,

13 Die Februarrevolution von 1848 in Frankreich beendete am 24. Februar die Herrschaft des ursprünglich liberalen »Bürgerkönigs« Louis-Philippe von Orléans und führte zur Ausrufung der Zweiten Französischen Republik.

wie in Frankreich, durch Umsturz der Throne; aber Vorsicht und Beharrlichkeit wäre namentlich dem deutschen Volke zu empfehlen, damit es, nach Beseitigung der augenblicklichen Verlegenheit, nicht das Errungene wieder verliere, wie 1831.[14] Es ist Pflicht jedes Vaterlandsfreundes, jetzt mit Entschiedenheit aufzutreten, und die Worte, die wir kürzlich von einem Minister vernahmen:

»Der Mensch, der zu schwankenden Zeiten auch schwankend gesinnt ist, der vermehrt das Übel und breitet es weiter und weiter.«

sollte sich jeder Deutsche merken.

Deutschland hat eine Revolution durchzumachen, dies ist gewiss. Durch Entschiedenheit der Völker und Weisheit der Regierungen kann und wird es eine friedliche werden.

Die Bewegung wird sich diesmal nicht auf Süddeutschland beschränken; auch Friedrich Wilhelm, der sich bisher »nicht imponieren« ließ, wird nun die Haltung der Völker »imposant« finden, und der »mächtige Herr« wird erkennen, dass es eine größere Macht auf Erden gibt als die Macht der Fürsten, nämlich die »Gewalt der Völker«? Denjenigen aber, die bei den geringsten Konzessionen in enthusiastischen »Hochs« ausbrechen, rufen wir die Worte des Dichters zu: *»Prüft, eh' Ihr Weihrauch streut.«*

14 Am 28. Dezember 1931 wird im Großherzogtum Baden entgegen den Karlsbader Beschlüssen die Pressezensur aufgehoben. Doch schon im Folgejahr wird das Gesetz für nichtig erklärt und die Pressezensur wieder eingeführt.

WAS UNS ZUERST NOT TUT

(Teil eins)

Fern von der geliebten Heimat erhalten wir heute am dritten März die Kunde von der Wiederherstellung der Pressefreiheit in Baden[15]. Eine kleine Abschlagszahlung an den großen Forderungen der Zeit! Und doch wie unendlich wichtig für die Erringung besserer politischer und gesellschaftlicher Zustände! Unendlich erleichternd auch für uns, die wir zwölf Jahre lang alle Pein und Schmach, alle Bedrückung und Entwürdigung der Zensur getragen. – Werden wir befähigt sein, ferner unsere Stimme zu erheben unter den erhabenen Geistern, welche jetzt ihre Tätigkeit einer freien Presse zuwenden werden? Ist unser Geist nicht ent-

---

15 Zum 1. März 1832 hatte der Landtag des Großherzogtums Baden die im August 1819 vom Deutschen Bund in Karlsbad beschlossene Pressezensur aufgehoben. Kurz darauf erschien in Freiburg erstmals die u.a. von Karl Theodor Welcker gegründete Tageszeitung »Der Freisinnige«. Daneben wurden in der südbadischen Universitätsstadt noch drei weitere Oppositionsblätter vertrieben, so dass Freiburg sich zu einem Zentrum des badischen Liberalismus entwickelte. Doch nur für kurze Zeit. Nach den Ereignissen um das Hambacher Fest (Mai 1832) nötigten Österreich und Preußen die badische Regierung im Juli 1832, das liberale Pressegesetz zurückzuziehen.

nervt unter dem Druck von mehr als einem Dutzend Gedankentötern (Zensoren)? Werden wir das gerade, männliche, freie Wort wieder finden, da wir fast ein halbes Menschenalter nur darauf sinnen mussten, ein bisschen Wahrheit in verzwickten und verkrüppelten Redensarten an das Tageslicht zu fördern?

All diese Fragen treten uns in den Weg, da wir die ersten Zeilen in ein freies Blatt in unserer engeren Heimat niederlegen. Wir wagen nicht zu entscheiden, ob wir sie unbedingt bejahen dürfen, aber wir haben den Mut, uns daran zu versuchen. Wir haben die Berechtigung, den Versuch zu wagen: in unseren vergangenen Kämpfen, in unseren glühenden Gefühlen für die Wohlfahrt und die Größe unseres Vaterlandes, in der genauen Kenntnis der Zustände jener Klassen unseres Volkes, welche am meisten leiden unter dem Druck eines gänzlich untauglichen Verwaltungssystems der europäischen Verfassungsstaaten sowohl, als der unumschränkten Monarchie.

So wollen wir denn heute stehen bleiben bei Baden und beginnen mit einigen Andeutungen über das, was vor allem Not tut, um eine bessere Zukunft anstreben zu können. Vor allem muss die oberste Regierungsbehörde mit Männern besetzt werden, zu welchen das Volk Vertrauen hat. Im ganzen Lande aber *fehlt* das Vertrauen zu dem Lenker des Finanzministeriums *Regenauer*[16], der eine jener dienstbaren Schreibstubenseelen ist, welche um eine gute Besoldung auch dem verfassungswidrigsten Regiment ihre Ergebenheit bezeugen und ihre Stimme leihen; der, weit entfernt,

16 *Franz Anton Regenauer*: von 1844 bis 1848 badischer Finanzminister im Kabinett Bekk.

ein wahrer Staatswirtschafter zu sein, nach dem möglichst hohen Ertrage der Steuern des Landes Wohlstand bemisst, der noch vor kurzer Zeit mit einer Besoldung von nahezu oder über dreitausend Gulden dem Volke den Hohn ins Gesicht schleudern durfte: »Er gehöre zur Klasse der armen gedrückten Staatsdiener«; der in seiner Finanzweisheit die Mittel nicht finden kann, eine Eisenbahn über den Schwarzwald bis an den Bodensee zu führen, sondern lieber zuwartet, bis ein Drittel des Landes zum Elend einer schlesischen Provinz herabsinkt.

Im ganzen Lande fehlt das Vertrauen in einen Trefurt[17], der ein Überläufer ist von dem liberalen zum ministeriellen Lager, der das Ministerium der Gerechtigkeit verwaltend, alle verwerflichen Bestimmungen unseres verpfuschten Strafgesetzes in der Kammer mit spitzfindiger Redekunst verteidigt, und seit Jahren auf der servilen Seite der Kammer stehend, ein Minister der Ungerechtigkeit am Volke war. – Im ganzen Lande fehlt das Vertrauen in einen Freidorf[18], unter dessen Verwaltung, trotz der angerühmten Sparsamkeit, Hunderttausende unnütz in der Militärverwaltung vergeudet und der Militärstand in eine Anstalt verwandelt wurde, in welcher

17 *Franz Anton Christoph Trefurt:* badischer Jurist und Staatsmann. Von 1833 bis 1848 sowie von 1850 bis 1854 war Trefurt Mitglied der Zweiten Kammer der Badischen Ständeversammlung. 1840 wurde er zum Hofgerichtsdirektor in Freiburg befördert, 1845 zum Oberhofgerichtsvizekanzler in Mannheim und schließlich 1847 zum Präsidenten des Justizministeriums im Kabinett Bekk und zum ordentlichen Mitglied des Staatsrates ernannt.
18 *Freidorf* = Karl Wilhelm Eugen von Freydorf, vom 9. Dezember 1833 bis zu seiner Pensionierung am 22. März 1848 badischer Kriegsminister im Kabinett Bekk.

der Soldat bis einschließlich zum Oberfeldwebel weit näher dem willenlosen asiatischen Sklaven als dem freien verfassungsmäßigen Bürger und selbstbewussten Landesverteidiger steht, und unter dessen Herrschaft selbst Offiziere fühlten, was es für Folgen habe, bei den Wahlen zur Landespräsentation nicht nach dem Befehlswort des Obristen zu stimmen. Im ganzen Lande fehlt das politische Vertrauen in einen Mann, der nie in der Kammer erscheint, um über die Verwendung der schweren Summen, welche das Soldatenwesen kostet, Rechenschaft zu geben, sondern immer sich durch einen Dritten vertreten lässt. – Vor allem müssen diese Männer von der Verwaltung zurücktreten, bevor das Volk sich dem Vertrauen hingeben kann, dass es verfassungsmäßig regiert werde und dass in der obersten Staatsverwaltung jener gute Wille für die Freiheit des Staatslebens und die Entwicklung desselben herrsche, welche unumgänglich nötig sind, um den kommenden Stürmen entgegentreten zu können.

(Teil zwei)
Dann verlangt das Volk nicht minder dringend, dass die um ihrer Anhänglichkeit an die Verfassung verfolgten Staatsdiener wieder in unmittelbaren Dienst der oberen Staatsverwaltung berufen werden. (…) Vielleicht wirft man uns ein, dass gerade unsere Forderung ein Hindernis sei, das Begehrte zu erreichen, gleichwie vor einiger Zeit Metternich erklärte, als die Milderung der Zensur von ihm begehrt wurde: »Auf solches Begehren könne nun das, was sonst von selbst erfolgt wäre, nicht eintreten.« Wäre dieses der Fall, so hätten wir eine Absicht erreicht, welche dahin geht,

zu zeigen, dass das angenommene freisinnige System nicht innerem, freiem Willen, sondern nur dem Drang der Not entsprungen sei, und nur so lange halten werde, als der Notstand mehr oder minder es unentbehrlich macht. Was wir verlangen, ist begründet in den Verhältnissen, in der Lage und den Bedürfnissen des Landes, in den Forderungen der Gerechtigkeit. Ist guter, redlicher Wille vorhanden, so werden diese Rücksichten durchdringen, und wir werden uns ebenso sehr freuen, eine echt freisinnige Regierung begrüßen zu können, als wir jetzt die Verpflichtung fühlen, die Männer des Rückschritts zu bekämpfen. Wir glauben Mäßigung genug zu zeigen, wenn wir *Dusch*[19] und *Nebenius*[20] noch als ministerielle Möglichkeiten erklären für die Zeiten des Überganges zu einem vorgerückteren und tiefer in die Reformen greifenden Regierungssystem in Deutschland, obwohl der Erstere durch eine lange diplomatische Laufbahn offenbar zu viel Meinung erhalten von der Gewalt und dem Recht der Fürsten und Großen, und zu wenig von den geheiligten Urrechten und von der alleinigen Kraft des Volkes; und der Letztere seinen ehrlichen Namen hergege-

19 *Alexander Anton von Dusch* (1789–1876), badischer Jurist und Diplomat. Von November 1843 bis März 1849 leitete von Dusch das Ministerium des Großherzoglichen Hauses Baden und der auswärtigen Angelegenheiten im Kabinett Bekk.

20 *Karl Friedrich Nebenius* (1784–1857): badischer Beamter, liberaler Staatsminister und Freimaurer. Nach langer Beschäftigung im Finanzministerium wechselte Nebenius 1824 in das Innenministerium. Dort avancierte er 1838 zum Minister, verlor dieses Amt allerdings schon nach 18 Monaten aufgrund der Gegnerschaft zum reaktionären Außenminister Friedrich von Blittersdorff. Nach dessen Sturz wurde Nebenius 1845 erneut Innenminister und 1846 auch Präsident des Staatsrats. 1849 trat er in den Ruhestand.

ben hat, um eine brutale Gewalt zu entschuldigen, welche bei der Zerstörung des Haber'schen Hauses[21] im Hintergrunde wirkte, und obgleich er nie jene Kraft entwickelt hat, welche erforderlich war, seinen besseren Ansichten fürs Volkswohl möglicherweise Eingang zu verschaffen. Wir glauben mäßig

21 Das *Haber'sche Haus* war das Karlsruher Bankhaus »Salomon von Haber und Söhne«, das im Januar 1848 Insolvenz anmeldete. (Hintergrund: Die Frage, ob der Staat Großunternehmen, die durch eine Finanzkrise in ihrer Existenz bedroht sind, helfen soll, ist nicht erst mit der Globalisierung auf die politische Agenda gelangt. Ein frühes Beispiel bieten die Beratungen des Karlsruher Landtags wenige Wochen vor dem Ausbruch der Revolution von 1848. Die drei größten badischen Unternehmen waren 1848 von der Schließung bedroht: die »Gesellschaft für Spinnerei und Weberei Ettlingen« und die »Badische Gesellschaft für Zuckerfabrication« in Waghäusel, die 1836 auf Initiative des Karlsruher Bankhauses »Salomon von Haber und Söhne« als Aktiengesellschaften gegründet worden waren, sowie die »Maschinenfabrik Keßler« in Karlsruhe, die 1837 mit einem Kredit ebenfalls des Bankhauses Haber aufgebaut worden war. Alle drei Unternehmen hatten zunächst prosperiert. Trotz ihrer Produktions- und Absatzerfolge blieb ihre finanzielle Lage wegen des fehlenden Betriebskapitals jedoch kritisch. Da keine der drei Fabriken zu einer Liquiditätsverbesserung in der Lage war, blieben sie von kurzfristigen Krediten abhängig, die ihnen das Bankhaus Haber jeweils zur Verfügung stellte. Dabei verhob sich die Bank. Sie verfügte nicht über ausreichende Rücklage, um die drei schnell expandierenden Industrieunternehmen ausreichend mit Geld zu versorgen. Mehr als 3500 Arbeitsplätze waren gefährdet. Das badische Finanzministerium schlug eine staatliche Zinsgarantie für die Gläubigerforderungen vor und sprach sich für die Umwandlung der Schulden in Teilschuldverschreibungen aus. Der Staat sollte dafür eine 15-jährige Zinsgarantie übernehmen. Da das Großherzogtum Baden, anders als die deutschen Großmächte Preußen und Österreich, kein absolutistisch regierter Staat war, sondern eine konstitutionelle Monarchie, bedurfte es dafür der Zustimmung des Landtags, die er in Anbetracht der erheblichen Kosten verweigerte, was zur Insolvenz des Bankhauses Haber führte.

zu sein, wenn wir Bekk[22] als Übergangsminister für möglich erklären, obgleich er seinerzeit die von ihm selbst mit erfochtenen volkstümlichen Grundlagen der neuen Gemeindeordnung eher untergraben half (...) Wir halten diese Männer für möglich, weil wir ihnen, ungeachtet ihrer großen politischen Fehler, doch überwiegenden redlichen Willen fürs Volk zutrauen und weil wir hoffen, dass das warnende Beispiel Frankreichs für alle Throne auf sie einen tiefen Eindruck gemacht. – Ganz ohne Eindruck hingegen bleibt die Bekanntmachung der deutschen Bundesversammlung, weil man gewohnt ist, von dieser Seite nur bittere Wirkungen fürs deutsche Volksleben ausgehen zu sehen, und weil viel feierlichere und heiligere Versprechen unerfüllt blieben. Auch wir hoffen, dass das deutsche Volk sich einigen und zusammenhalten werde, aber seinen Mittelpunkt wird es in der deutschen Bundesversammlung weder suchen noch finden. Und gerade in der Bekanntmachung der Bundesversammlung finden wir neuen Grund zum Misstrauen, denn wenn dieselbe wörtlich sagt:

»Der deutsche Bundestag fordert daher alle Deutsche, denen das Wohl Deutschlands am Herzen liegt – und andere Deutsche gibt es nicht – im Namen des gesamten Vaterlandes dringend auf etc.«, so ist dies nicht die Sprache innerer Überzeugung und wohlmeinender, redlicher Offen-

---

22 Johann Baptist Bekk (1797–1855), badischer Jurist und Politiker, ab 1831 Mitglied in der Zweiten Kammer der Badischen Ständeversammlung und von 1842 bis 1846 ihr Präsident. 1846 trat Bekk als Staatsrat in die badische Regierung ein; im Dezember des gleichen Jahres wurde er zum Innenminister ernannt, was er bis zum 3. Juni 1849 blieb.

heit, sondern die der Verstellung und Heuchelei. Denn wie könnte man sich sonst die bis in die letzten Tage fortdauernde Verfolgung alles freisinnigen Strebens, aller freisinnigen Blätter, der Turnvereine und alle diese Erscheinungen erklären? Wir gedenken nicht, den Samen der Uneinigkeit ins Volk zu werfen, aber diese Blätter werden ebenso weit davon entfernt sein, in jenes unkluge Vertrauen nach oben einzustimmen, womit man so oft schon zum Unglück Deutschlands das deutsche Volk betört. Wenn wir uns erinnern an die Zeit der Reaktion, welche dem hingebungsvollen Befreiungskampf Deutschlands folgte; wenn wir gedenken der Zurücksetzung und Misshandlung so vieler verdienter Männer, an die Verfolgung aller Freigesinnten und die Verfälschung der Volksrepräsentation, an die Willkür der Verwaltung und Polizei; wenn wir uns erinnern an das Nachgeben von 1830–1831, an die Reaktion darauf 1832; wenn wir gedenken des Jahres 1840, da die Gefahr eines französischen Überfalls ganz Deutschland in Bewegung setzte, und das deutsche Volk eine treue Hingebung und Kampfbereitwilligkeit (…) zeigte, und wenn wir wieder zurückdenken an die unmittelbar hierauf gefolgte noch stärkere Bedrückung der Presse, welche in diesen Blättern z. B. unter dem berüchtigten Dr. Schütt noch schlimmer war, als die darauf gefolgte türkische Zensur unter Uria-Sarachaga[23] in Mannheim, dann haben wir alle Rechtfertigung für das Misstrauen, welches wir hegen, und alle Ursache, das Volk aufzufordern,

---

23 Uria-Sarachaga: Mariano von Uria, eigentlich Mariano Baron von Saráchaga-Uria (1812–1876) war ein badischer Verwaltungsjurist und Hofbeamter. Als Pressezensor war Mariano von Uria während des Vormärz (ab 1844) für die Zensur in Baden zuständig.

nur sich selbst zu vertrauen und die jetzigen günstigen Zeitumstände zu benützen zur Erringung der ganzen und vollen Freiheit und zu einer gerechten Verteilung der öffentlichen Lasten. Wenn der badische Staatsminister von Dusch noch dieser Tage in der Kammer erklärte, dass sich hinsichtlich des Pressegesetzes »die Beratung bei der Bundesversammlung auch bei dem besten Willen zu sehr in die Länge ziehen werde«, so ist damit der Beweis gegeben, dass kein guter Wille vorhanden ist. Provisorische Verfügungen aber sind nicht genügend, wir danken dafür heute nicht mehr, und wir fordern die Regierung so ernstlich als wohlmeinend auf, alles zu geben und unwiderruflich, was erforderlich ist. – Ebenso wenig können wir eine Errichtung einer privilegierten Bürgergarde billigen; die Bewaffnung muss auf jeden unbescholtenen Bürger sich ausdehnen, oder die bewaffneten Privilegierten werden von den unbewaffneten Unprivilegierten erdrückt werden. Haben wir nicht Paris als Beispiel vor uns? Die wohlhäbige Bürgerschaft ließ den Kittel der Nationalgarde im Kasten hängen und rückte weder aus zum Schutz der Regierung noch zur Erkämpfung der Freiheit. Nur ein verhältnismäßig kleiner Teil von Nationalgarden war erschienen; aber die unbewaffneten Arbeiter, die klopften an den Häusern und verlangten Waffen, und der behagliche Bürger gab sie heraus, froh genug, sie nicht gebrauchen zu dürfen. Also Waffen jedem Bürger, damit nicht Trennung unter denselben entstehe, nicht dem Mutigsten die Wehr mangle, sondern dass er ein Beispiel sei für die andern in Kampfeslust und Todesverachtung.

WAS WOLLEN WIR?

Die *Deutsche Zeitung*[24] anerkennt die französische Republik nicht, aber sie duldet sie; hingegen hat der nordamerikanische Gesandte sie anerkannt, und wir anerkennen sie auch. Die Ereignisse, welche in Frankreich stattgefunden haben, werden Einfluss üben auf alle Völker des gesitteten Europas. Unsere Frage ist nicht, ob die Republik in Frankreich sich halten könne, dafür lassen wir die französischen Männer sorgen, welche das Geschick ihres Landes sicherlich unabhängig fühlen werden von dem Urteil einer angsterfüllten Gelehrtenseele. Unsere Frage ist: Was hat Deutschland zu tun – nach außen und nach innen? Das Interesse Deutschlands erfordert, dass es die Freiheit und Unabhängigkeit aller

24 Die *Deutsche Zeitung* war eine vom 1. Juli 1847 bis Ende September 1850 bestehende bürgerlich-liberale Zeitung. Die programmatische Ausrichtung des Blattes auf ganz Deutschland war ungewöhnlich, denn Deutschland bestand noch aus Einzelstaaten. Die Gründung der Zeitung war das Ergebnis eines Treffens oppositioneller badischer Abgeordneter am 29. November 1846 in Durlach. Friedrich Daniel Bassermann und Karl Mathy, die gemeinsam die Bassermannsche Verlagsbuchhandlung betrieben, kümmerten sich anschließend um den Aufbau eines Korrespondentennetzes aus dem gesamten Deutschen Bund.

Völker wünsche und anerkenne, weil in der Unterdrückung der Nationalitäten und der Unterjochung derselben der Keim zu fortwährenden Befreiungsversuchen und Kriegen, folglich Grund zur fortwährenden Unterhaltung der stehenden Heere liegt, und weil in der Freiheit der übrigen Völker allein die Freiheit Deutschlands eine Gewähr findet. Wir wünschen deshalb Freiheit und Unabhängigkeit allen Völkern, die sich danach sehnen und danach streben; auf welche Weise sie dieselbe erringen und unter welcher Form sie dieselbe genießen wollen, das überlassen wir lediglich ihnen selbst. Die Ehre Deutschlands fordert, dass es zu keiner Unterdrückung die Hand biete. Die Ehre und der Nutzen Deutschlands erfordern aber auch, dass es seine eigene Unabhängigkeit nach außen und seine Freiheit nach innen bewahre und erringe. Wir wollen keinen Fuß Boden unseres Landes verlieren, keine Abhängigkeit, keine Schutzherrschaft von außen aufkommen lassen. Allein als verständige Männer wollen wir die Gunst der äußeren Umstände benutzen, um die Freiheit im Innern selbst zu erringen. Wir wollen nicht, wie die Deutsche Zeitung, warten, ob durch Gottes erbarmungsvolle Fügung der Großen Gnade uns zuteil wird, was uns zurecht gebührt, sondern wir wollen es erringen als Bürger und Männer, als selbstbewusste Glieder des Staats. Allein wir wollen nicht bloß Anerkennung der Freiheit und Unabhängigkeit von außen und im Innern, in Durchführung der Grundsätze im Allgemeinen, sondern wir verlangen auch, dass der Einzelne diese Freiheit genieße und ihrer froh werde. Dazu ist vor allem nötig die Erleichterung und Verbesserung der Lage der arbeitenden und gewerbetreibenden Klassen; denn was nützt dem Armen die Freiheit, wenn er

die Abgaben nicht zu erschwingen vermag, wenn er für tage-
lange Arbeit kaum so viel erhält, dass er den Hunger stil-
len kann, und nichts mehr übrig behält, um seine übrigen
leiblichen Bedürfnisse zu befriedigen; welchen Genuss von
der Freiheit hat er, wenn er abends mit Kummer für den folgenden Tag sich ins Bett legen und am Morgen erwachen
muss mit Sorge für das Brot des folgenden Tages? Neben
den Gütern der Freiheit müssen wir somit unzertrennlich
erstreben: Entlastung des Armen, Erleichterung des Mittelstandes, Besteuerung des Vermögens im vollsten Umfang.
Aber auch Verminderung der Kosten der Staatsverwaltung
um die Hälfte ihres gegenwärtigen Betrages. Unser Wunsch
ist: Freiheit, Gerechtigkeit und Wohlbehagen für alle, und
diesen Wunsch zu verwirklichen, erachten wir für die Pflicht
und die Aufgabe unserer Tage.

DAS DEUTSCHE BITTEN UND BETEN

Die untertänigsten Bitten der Deutschen um Pressefreiheit, Schwurgerichte etc. fliegen jetzt wie fromme Schwalben, und die Königs- und Fürstenhäuser und nur wenige zeigen den Mut, sich in dreiste, kampfbereite Adler zu verwandeln, wenn man sie wie zudringliche Bettler von der Türe weist.

Die Leipziger, die Hannoveraner, die Braunschweiger, die Kurhessen und auch die Hessen-Homburger etc. erheben ihre Bitthände und erflehen von den Menschen »von Gottesgnaden« ihre seit geraumen Jahren von Diebeslist und Räubergewalt mit Beschlag belegten Menschen- und Bürgerrechte zurück. Wie noch heute ein großer Teil des deutschen Volkes in der Nacht des religiösen Aberglaubens an die übermenschliche Heiligkeit und Unverletzlichkeit des ausgearteten Priestertums gefangen liegt, so steckt noch ein größerer Teil des deutschen Volkes tief im Schlamme des politischen Aberglaubens an die Heiligkeit und Unverletzlichkeit des ausgearteten Königtums.

Kein pflicht- und ehrvergessener, kein sittenloser und wortbrüchiger Mann, und wenn er äußerlich auch noch so hochgestellt wäre, soll ferner heilig und unverletzlich heißen, und den Höchsten wie den Niedrigsten treffe bei jedem Vergehen das gleiche Gericht sowohl der Sitten als des Rechtes! Nur Tugend und Rechtschaffenheit haben fortan gerechten Anspruch auf Würde und Heiligkeit; nicht aber der blinde Zufall der Geburt, nicht die zufällige Stellung und das Kleid, sondern der edle Charakter des Mannes, sein segenvolles Wirken zum allgemeinen Besten, die ehrenhafte Gesinnung, die redliche Absicht als innerer Kern der äußern Tat.

Das deutsche Volk muss sich als ebenbürtig fühlen und begreifen lernen in allen wesentlichen Gütern der Menschheit, als gleichberechtigt mit allen Herren, Fürsten und Priestern. Dann erst kann und wird es den entehrenden Aberglauben seiner anerzogenen tierischen Untertänigkeit mit Abscheu aus seiner Seele werfen und frei und stolz verlangen und fordern, wo es bisher gefleht und gewinselt hat.

Der Stolz des selbstbewussten und selbständigen Mannes soll erst Wurzel fassen im Herzen des deutschen Volkes; erkennen soll es sich als ein gottbestimmtes Volk, die Fahne der sittlichen und politischen Freiheit als eine heilige Gottessache in alle Welt zu tragen! Ist dieser Mannesstolz zur festen Eiche in ihm gewachsen, hat er sich als göttliches Werkzeug zur Beglückung aller Menschheit im heiligen Bunde mit allen gleich strebenden Völkern erkannt, dann folgen auch von selbst und in rascher Entwicklung die gott- und menschenwürdigen Taten.

POLITISCHE BALGWECHSLER

Wir sprechen hier nicht von der großen Anzahl ehrenhafter Männer, denen gewisse Verhältnisse, amtliche Stellung, Familienrücksichten und dergleichen früher es unmöglich gemacht haben, sich mit Entschiedenheit, laut und öffentlich der Partei der Freiheit und des vernünftigen Fortschrittes anzuschließen; auch sprechen wir nicht von den Irrgeführten, von den Belogenen und Betrogenen, die von nichtswürdigen Menschen missbraucht worden sind, um ihre eigene Stimme für die Verewigung ihrer eigenen Knechtschaft zu erheben; auch sprechen wir nicht von jenen, die bloß wegen Hasses gegen gewisse Personen, aus einseitiger Parteileidenschaft sich hinüberziehen ließen auf die Seite der Finsterlinge und Volksverdummer. Diese alle, die nur der Drang der Verhältnisse, flüchtiger Irrtum und aufbrausende Leidenschaft auf eine Weile seitwärts geführt, sind uns nur von Herzen in unserem Lager willkommen, und unser offenes Auge und der eidliche Handschlag zur Versöhnung soll es ihnen sagen, dass wir aufrichtig vergessen können und Unterschied zu machen wissen zwischen dem, *was der Mann wirklich ist,* und was er scheint oder scheinen muss. Aber nicht so brüderlich wollen wir es gehalten wissen mit jenem charakterlosen Apostatengesindel, das eben zur Zeit, als es Not tat, die Feuerprobe zu bestehen, die Fahne der Freiheit schmählich verließ und sich als Söldling an den Volksfeind verkaufte, um nun der Willkür gegen das Gesetz, der Tyrannei gegen die Freiheit zu dienen. Nicht so brüderlich wollen wir es gehalten wissen mit jenen zigeunerhaften Überläufern, die nur so lange, als ihnen das deutsche Volk ihre Schwelg- und Sauftische weidlich besetzte und Tausende an sie verschwendete, in den Grimassen grimmiger, unbezähmbarer Löwen sich gefielen, (…) zähnefletschend gegen Volksdruck und Knechtschaft. Wir meinen hier namentlich die berüchtigten *Fürstenfresser* und *Fürstenfressers-Söhne*, die im Interesse einer ministeriellen Futterkrippe die Löwenhaut gegen die *Fuchs-* und *Schafhaut* gewechselt haben, und nunmehr so zahm geworden sind wie jedes andere durch Prügel und Hunger gebändigte Stallvieh.

Diese Gesellen nun, deren Bestienschlauheit so leicht herabsinkt zur Eselsdummheit, werden wohl bei dem so plötzlichen Umschlagen der politischen Witterung ihre liebe Angst und Not haben, die als fürstliche Bedientenkleidung umhängten Schafhäute, Fuchs- und Hundebälge wieder abzuwerfen und die Löwenhäute wieder umzuhängen. Die traurige Aussicht, die Fürstenkrippen könnten leer werden und die ausgeplünderten Tischladen, Speisekammern und Tröge des Volkes über Nacht sich wieder füllen, wird die Leib- und Seelenverkäuferbande wohl nötigen zu diesem Schritt der Verzweiflung. Wie aber das bei unserer glaubensarmen Zeit, ohne Glauben an Wunder, geschehen mag, dass die heutigen *Fürstenlecker* nur auch mit einem Schein von *Ehre* und ohne, dass die schadenfrohe Welt es merkte, wieder in *Fürstenfresser* sich sollten verwandeln können, ist mit keinem Scharfsinn vorauszubestimmen. Die Taschenspielerkunst solcher Verwandlung wird schwieriger von Tag zu Tag; denn das Volk, wie freiheitstrunken es auch ist, ist doch fürchterlich nüchtern und hat wasserhelle Augen, wenn es darauf ankommt, einen charakterlosen politischen Vagabunden von einem festgewurzelten Ehrenmann zu unterscheiden.

Schon die nächste Stunde kann das jetzt noch verworrene Rätsel lösen, und das Volk wird Richter sein zwischen Wahrheit und Lüge, zwischen den Verrätern und den Getreuen, die eingestanden sind mit ihrem ungefälschten Herzblut für die Sache des Volkes, in den Tagen der Not wie in den Tagen des Glückes; die lieber Armut, Schmach und Verfolgung getragen mit innerer Mannesfreude, als dass sie dem Freisinn und der Menschenwürde untreu und abtrünnig geworden wären, dem ewigen Natur- und Vernunftgesetz, worin Gott, als der urfreie Urheber aller Freiheit, nicht für Fürstenmajestät, sondern für die Majestät der Völker sich ausspricht.

EHRET DIE JUGEND!

Es ist eine klägliche Erscheinung, wenn man sieht, wie das Spießbürgertum im Anfang unserer gewaltigen Bewegung so unbeholfen und linkisch sich benimmt und stets noch an seinen alten Gewohnheitssünden festhält. So zum Beispiel kann es gar nicht begreifen, dass die Jugend so keck und selbstbewusst auftritt, während doch die Erfahrung überall zeigt, dass diese herrliche deutsche Jugend in allen Kämpfen zuvorderst ist und die Alten weit hinter sich lässt. So kann selbst die Karlsruher Zeitung sich nicht enthalten, Beispiele des bewunderungswürdigsten Jugendmuts aufzuzählen. In ihrer Nummer vom 24. d. M. schreibt sie aus Berlin über den stattgehabten Kampf: »Welcher Heldenmut das Volk bis auf den Knaben herab beseelte, ist fast unglaublich. Ein Knabe von 14 Jahren, welcher bei Verteidigung einer Barrikade gefallen war, hielt noch als Leiche den Säbel krampfhaft in der Hand, so dass derselbe nur mit Mühe herauszunehmen war. Bei dem Kampf an der Wilhelmstraße stand ein Knabe von etwa 9 Jahren unter den pfeifenden Kugeln und wehrte durch fortwährende Steinwürfe dem Herannahen eines Kavallerieoffiziers, der sich zuletzt zurückziehen musste. Solcher Züge könnten unzählige angeführt werden. Auch Frauen beteiligten sich bei dem Kampf.«[25]

Wenn also diese junge Brut sich dem Feind entgegenstürzt und ihr schönes, rotes Herzblut freudig für die Freiheit vergießt, wie könnt ihr, durch deren Adern nur noch schwerfälliger, dicker Saft schleicht, und die ihr jeden Tropfen desselben euch mit Edelsteinen aufwiegen ließet, wie könnt ihr der Jugend das kecke Auftreten übel deuten? Wir sagen euch, lasset die Jugend gewähren, die Zeit gehört ihr, denn wir leben in den Tagen der Tat. Und wenn diese vollbracht ist, dann kommt erst an euch wieder die Reihe mit eurem langweiligen Rat, der wieder so viel als möglich verpfuschen wird, was jene gut gemacht.

Heute ehret die Jugend!

25 Die Märzrevolution in Berlin war ein zentrales Ereignis der deutschen Freiheits- und Nationalbewegung. Nachdem oppositionelle Volksversammlungen in Berlin von der preußischen Monarchie eine Reihe von Freiheitsrechten gefordert hatten, ging ab dem 13. März 1848 das Militär gegen die »Aufständischen« vor. Die Barrikadenkämpfe am 18. und 19. März forderten mehrere hundert Todesopfer auf beiden Seiten. König Friedrich Wilhelm IV. sah sich schließlich gezwungen, das Militär aus Berlin abzuziehen und den Demonstranten politische Zugeständnisse zu machen. Bis zum Sommer kam es zu einer vorübergehenden Liberalisierung: Auch in Preußen wurde eine liberale Märzregierung ernannt, und die frei gewählte Preußische Nationalversammlung begann mit der Ausarbeitung einer Verfassung für Preußen. Diese Verfassung wurde zwar von der Regierung abgelehnt, viele grundlegende Artikel wurden aber in der von König Friedrich Wilhelm IV. im Dezember 1848 oktroyierten Verfassung und in der revidierten Verfassung von 1850 übernommen. Dennoch war Preußen noch weit von einer demokratischen Staatsordnung entfernt: Dem König stand ein absolutes Veto gegen Gesetze zu, und die Rechtsprechung konnte vom Monarchen umgangen werden.

34 Fürsten oder eine Republik?

Die Frage ist sehr einfach: Können wir frei werden und einig und wohlfeil
regiert unter 34 Fürsten?

Die Civillisten der Fürsten, die Apanagen der Prinzen und Prinzessinnen, die ungeheure Militärlast, das Heer von Beamten, die Massen von Pensionärs, die theuern Minister, die theuern und nutzlosen Gesandten, die Menge von öffentlichen und geheimen Polizeidienern, die Spione, die Nothwendigkeit der Versorgung von Herrenburen, die Menge von Wächtern über das indirekte Abgabensystem, alles dieses hängt an der Erhaltung der monarchischen Regierungsform. Mehrere hundert Millionen Gulden werden hiedurch jährlich verschlungen. Die Last der Abgaben erdrückt das Volk; ein gedrücktes Volk aber ist nie frei! Und wenn seine Führer glauben, das Volk sei zufrieden mit den schönen Reden, welche sie seit Jahren gehalten; wenn sie glauben es lasse sich heute, da man alles erlangen kann, noch länger vertrösten und hinhalten, so wird es sich bald zeigen, daß sie sich irren, und daß das Volk sich von den bisherigen Führern trennt und auf eigene Faust handelt! Schon hat dies begonnen, und es wird sich weiter verbreiten und allgemein werden. Das Volk wird also auf diese Weise die Einigkeit erlangen. — Ob die Führer heute das Räthsel lösen, wie das Volk mit seinen Fürsten wohlfeil regiert werden könne, wollen wir sehen; wir wissen aber zum Voraus, daß dies unmöglich ist. Wir werden unter der bisherigen Fürstenherrschaft also weder frei, noch einig, noch wohlfeil regiert sein, und alle Wünsche des Volkes zerfielen somit in Nichts. Darum Volk mahne deine Führer ernsthaft: Muth und Entschlossenheit zu zeigen oder handle selbst.

Wenn die Führer den Muth nicht haben so rufe du aus:

Fort mit den Fürsten und ihrem Anhang; wir wollen uns selbst
regieren, einig, frei und wohlfeil.

Es lebe die Republik!

Offenburg, 19. März 1848.

Das Flugblatt, wahrscheinlich mitverfasst von Joseph Fickler,
wurde am 19. März 1848 in Offenburg verteilt.
© Stadtarchiv Offenburg

34 FÜRSTEN ODER EINE REPUBLIK?
(Flugblatt zur Offenburger Volksversammlung)

Die Frage ist sehr einfach: Können wir frei werden und einig und wohlfeil regiert unter 34 Fürsten?
Die Zivillisten der Fürsten, die Apanagen der Prinzen und Prinzessinnen, die ungeheure Militärlast, das Heer von Beamten, die Massen von Pensionärs, die teuren Minister, die teuren und nutzlosen Gesandten, die Menge von öffentlichen und geheimen Polizeidienern, die Spione, die Notwendigkeit der Versorgung von Herrenhuren, die Menge von Wächtern über das indirekte Abgabensystem, alles dieses hängt an der Erhaltung der monarchischen Regierungsform. Mehrere hundert Millionen Gulden werden hierdurch jährlich verschlungen. Die Last der Abgaben erdrückt das Volk; ein gedrücktes Volk aber ist nie frei! Und wenn seine Führer glauben, das Volk sei zufrieden mit den schönen Reden, welche sie seit Jahren gehalten; wenn sie glauben, es lasse sich heute, da man alles erlangen kann, noch länger vertrösten und hinhalten, so wird es sich bald zeigen, dass sie sich irren, und dass das Volk sich von den bisherigen Führern trennt und auf eigene Faust handelt! Schon hat dies begonnen, und es wird sich weiterverbreiten und allgemein werden.

Das Volk wird also auf diese Weise die Einigkeit erlangen.

Ob die Führer heute das Rätsel lösen, wie das Volk mit seinen Fürsten wohlfeil regiert werden könne, wollen wir sehen; wir wissen aber zum Voraus, dass dies unmöglich ist. Wir werden unter der bisherigen Fürstenherrschaft also weder frei noch einig noch wohlfeil regiert sein, und alle Wünsche des Volkes zerfielen somit in Nichts. Darum Volk, mahne deinen Führer ernsthaft: Mut und Entschlossenheit zu zeigen, oder handle selbst.

Wenn die Führer den Mut nicht haben, so rufe du aus: Fort mit den Fürsten und ihrem Anhang; wir wollen uns selbst regieren, einig, frei und wohlfeil.

Es lebe die Republik!
Offenburg, 19. März 1848

DIE VOLKSVERSAMMLUNG ZU OFFENBURG[26]

Bereits unterm 12. September des Vorjahres stellte die Versammlung zu Offenburg die Forderungen des Volkes fest. Sie verlangte damals schon unter anderem namentlich eine volkstümliche Wehrverfassung, eine gerechte Besteuerung, Ausgleichung des Missverhältnisses zwischen Arbeit und Kapital und Abschaffung aller Vorrechte. Die Regierung hat diesen Forderungen mit Hochverratsprozessen geant-

---

26 *Artikelserie in den Seeblätter Nr. 70–78*: Zu den Initiatoren und Rednern der Offenburger Versammlung, deren Beschlüsse im vorigen Text zusammengefasst sind, gehörten u.a. Johann Adam von Itzstein, Alexander von Soiron und Joseph Fickler. Ganz Offenburg zeigte sich in Schwarz-Rot-Gold. Überfüllte Züge brachten begeisterte Menschen in die badische Hauptstadt. Die Menge wartete vor allem auf einen Mann, den charismatischen Anführer der entschiedenen Opposition: Friedrich Hecker. Würde er zum Sturz der Regierung aufrufen und die deutsche Republik verkünden? Aber die führenden Männer der Opposition zögerten bei der Frage nach der Republik. Sollte nicht ein deutsches Parlament die Entscheidung treffen? Als Hecker dann unter großem Jubel auf den Balkon trat, blieb die Ausrufung der Republik aus. Hecker soll anschließend sogar Joseph Fickler während dessen Rede mit der Waffe in der Hand davon abgehalten haben, das Wort Republik in den Mund zu nehmen. Als kurz darauf die Nachrichten von der erfolgreichen Revolution in Wien und Berlin eintreffen, war klar: In Offenburg war eine Chance verpasst worden.

wortet[27], allein das Volk hat sie beim Zusammentritt des Landtages erneuert und nach dem gewaltigen Umsturz im Westen mit gesteigerter Kraft auf deren Erfüllung gedrungen. Diesem unwiderstehlichen Drang nachgebend haben dieselben Regierungsmänner, welche die Redner der Offenburger Versammlung vom 12. September mit Hochverratsprozessen verfolgt hatten, Zugeständnisse gemacht, deren Halbheit nur schlecht den Hintergedanken verhüllte. Bei günstiger Gelegenheit, wie in den dreißiger Jahren, die abgerungenen Zugeständnisse zurückzunehmen und in ihr Gegenteil zu verkehren.

Das Volk hat erkannt, dass die ihm zuteil gewordenen Zugeständnisse nicht der staatsmännischen Einsicht und dem guten Willen der Machthaber, sondern den gewaltigen Bewegungen des Volkes, der äußeren Anregung der französischen Revolution und den Kundgebungen vom 1. und 2. März des Jahres zuzuschreiben seien.

Jeder denkende Freund des Vaterlandes erkennt klar und deutlich, dass in den Pariser Februartagen nur der Anfang einer Völkerbewegung gemacht worden sei, welcher mit unabweisbarer Notwendigkeit seine Fortsetzung in allen Staaten Europas erlangen müsse.

27 Auf Initiative von u.a. Gustav Struve und Friedrich Hecker hatten sich am 12. September 1847 im badischen Offenburg zwischen 800 und 900 Menschen in und vor dem Gasthaus »Salmen« zur ersten »Offenburger Versammlung« getroffen. Ergebnis der Veranstaltung war die Proklamation von 13 »Forderungen des Volkes in Baden«. Dieses Offenburger Programm war die programmatische Basis der demokratischen Bewegung des Vormärz. (Die kompletten Forderungen des Volkes vom 12. September 1847 finden sich in dem Band »Forderungen des Volkes. Frühe demokratische Programme« dieser Edition.)

Der Kampf der Volksherrschaft und der Einherrschaft hat begonnen. Deutschland, seit Jahrhunderten das große Schlachtfeld aller staatlichen und kirchlichen Kämpfe, wird auch jetzt wiederum den Zusammenstoß zwischen einem despotischen Nordosten und dem freigesinnten Südwesten Europas am schwersten empfinden. Darum tut es not, dass unser Vaterland beizeiten eine feste Stellung seinen auswärtigen und inneren Feinden gegenüber einnehme.

Das verlangt daher vor allen Dingen: *Ein deutsches Parlament*, welches im Großen seine Verhältnisse nach innen und außen kräftig ordne und frei gestalte, und dessen erste Aufgabe sein wird, der deutschen Nationalität und Selbstständigkeit Anerkennung zu verschaffen.

Was insbesondere unsere badischen Angelegenheiten betrifft, so erklärt die Volksversammlung von Offenburg:

I.

Mehrere Mitglieder der Regierung und der größte Teil der Beamten besitzen das Vertrauen des Volkes nicht, weil einzelnen der gute Wille, anderen die erforderliche Kraft fehlt.

Das Volk (…) lässt sich nicht täuschen durch das Vorschieben liberaler Persönlichkeiten. Anstößig ist dem Volk namentlich der Einfluss, welchen der Markgraf Wilhelm[28] seit langer Zeit auf die Staatsgeschäfte überhaupt und das

28 Wilhelm Ludwig August, Prinz und Markgraf von Baden (1792–1859), war der Kommandeur der badischen Brigade in Napoleons Grande Armée, die 1812 in den Feldzug gegen Russland geschickt wurde. Von 1819 bis 1858 war Wilhelm Präsident der 1. Kammer der Badischen Ständeversammlung.

Militärwesen insbesondere ausgeübt hat. Nicht minder anstößig ist ihm der Einfluss einiger Personen aus der nächsten Umgebung des Großherzogs[29], welche man mit dem Namen Kamarilla zu bezeichnen pflegt.

II.

Das Volk hat kein Vertrauen zu der ersten Kammer der Ständeversammlung, da dieselbe aus Privilegierten besteht, welche ihren Sonderinteressen das Wohl des Volkes stets geopfert haben. – Das Volk verlangt Abhilfe gegen diesen Überstand vermittelst einer Revision der Verfassung.

III.

Das Volk hat kein Vertrauen zu einer großen Anzahl der Mitglieder der zweiten Kammer, da dieselben durch Wahlbeherrschung und Wahlverfälschung unter dem Einfluss der Zensur und der Polizei gewählt wurden und sich als blinde Werkzeuge in den Händen jedes Ministeriums erwiesen haben. – Das Volk verlangt den Rücktritt der reaktionären und gesinnungslosen Partei der zweiten Kammer.

IV.

Das Volk besitzt durchaus keine Bürgschaften für die Verwirklichung seiner Forderungen und die Begründung eines dauerhaften Zustandes der Freiheit. Es muss sich diese Bürgschaften selbst verschaffen.

29 Karl Leopold I. Friedrich von Baden (1790–1852), von 1830 bis zu seinem Tod Großherzog von Baden.

Demzufolge bildet sich:

In jeder Gemeinde des badischen Landes ein vaterländischer Verein, dessen Aufgabe ist, für die Bewaffnung, die politische und soziale Bildung des Volkes, sowie für die Verwirklichung aller seiner Rechte Sorge zu tragen.

Sämtliche Vereine eines Wahlbezirkes bilden einen Bezirksverein, sämtliche Bezirksvereine einen Kreisverein, die vier Kreisvereine einen Landesverein. An der Spitze jedes dieser Vereine steht ein leitender Ausschuss. Für jeden dieser Vereine bildet sich sofort eine Vereinskasse zur Bestreitung der notwendigen Auslagen.

Alle Provinzen Deutschlands sollen aufgefordert werden, ähnliche Vereine zu bilden und mit dem badischen Landesverein in freundschaftlichen Verkehr zu treten.

V.

Das Volk verlangt von der Ständeversammlung, dass sie die entschiedensten Maßregeln treffe, um zu bewirken, dass die Regierung:

1) Sofort eine Verschmelzung des stehenden Heeres und der Bürgerwehr durchführe, zum Behufe der Bildung einer wahren, alle waffenfähigen Männer umfassenden Bürgerwehr.

2) Alsbald alle Abgaben abschaffe, außer den Zollvereinsabgaben und etwa der direkten Steuern, und ihre Ausgaben decke durch eine progressive Einkommens- und Vermögenssteuer.

3) Dass sofort alle Vorrechte, welchen Namen sie tragen, abgeschafft werden.

4) Dass ungesäumt die Schule von der Kirche getrennt werde.

Vorstehende Anträge wurden der Volksversammlung vorgelegt und von derselben mit nachfolgenden Abänderungen und Zusätzen mit überwältigender Stimmenmehrheit angenommen.

Zu I. wurde beschlossen, statt »mehrere Mitglieder der Regierung« zu setzen: der Präsident des Kriegsministeriums. Zu II. wurde angenommen mit dem Zusatz: Das Volk will nur eine Kammer.

Zu V. 1 wurde angenommen mit der Abänderung, statt »sofort«: »unverzüglich« oder »auf der Stelle«.

Zu V. 2 wurde angenommen mit dem Zusatz: Wir wollen eine wohlfeile Regierung, Abschaffung der Apanagen und unverdienter Pensionen.

Zu V. 4 wurde angenommen mit dem Zusatz: Die Pfaffen haben zu viel, die Lehrer zu wenig. Wir wollen gerechte Ausgleichung dieses Missverhältnisses.

(Fortsetzung)

In einer so schweren und bewegten Zeit, da jede Stunde das Volk aufrufen kann, Gut und Blut zu opfern auf dem Altar des deutschen Vaterlandes, darf kein hinterhältiger Gedanke (...) stattfinden, weshalb ich, so weit meine Wahrnehmungen gehen, den Lesern einen Faden an die Hand geben will, der sie auf den Irrgängen der Zweifel, Vermutungen, Gerüchte und Lügen zur Tageshelle der Wahrheit leitet.

Die offene und entschiedene Verhandlung des größten Teils des Seekreises über die Frage: ob Monarchie, ob Republik hatte ziemlichen Schrecken in die Regierungen sowohl, als in die Liberalen der zweiten Kammer gebracht, von den

Ministeriellen zu schweigen. In die Regierung vermutlich aus dem Grunde, weil sie nicht republikanisch gesinnt sein mag, in die liberalen Kammermitglieder, weil sie fürchteten, dass voreilige Schritte eine Spaltung im Lande und eine Vereitelung ihrer Pläne zur Folge haben könnten, auch weil die Lüge ausgestreut worden war, als sei beantragt, dass Konstanz, dass der Seekreis sich vom übrigen Land trennen wolle. Der Herr Minister Bekk erließ daher einerseits einen Verhaltungsbefehl hinsichtlich meines Wirkens und sandte anderseits die Abgeordneten Mathy[30] und Straub[31] in den

30 *Karl Friedrich Wilhelm Mathy* (1807–1868) war ein badischer Jurist und Publizist. Nachdem er in jungen Jahren aus politischen Gründen, u.a. wegen seiner Teilnahme am Hambacher Fest 1832, in die Schweiz emigrieren musste, arbeitete er nach seiner Rückkehr 1840 zunächst als Redakteur verschiedener Zeitungen (Badische Zeitung, Kölnische Zeitung, Mannheimer Journal) und gehörte 1847 zu den Mitbegründern der bürgerlich-liberalen »Deutschen Zeitung«. Im Oktober 1847 war Mathy Mitorganisator der Heppenheimer Tagung, einem Treffen führender süd- und westdeutscher Liberaler, die die Schaffung eines deutschen Nationalstaates und die Gewährung von umfangreichen Bürgerrechten forderten. Die Heppenheimer Tagung ist eine wichtige Station auf dem Weg zur Frankfurter Nationalversammlung. Mathy, ab 1842 Abgeordneter in der Zweiten Kammer der Badischen Ständeversammlung und saß 1848 zunächst im Vorparlament, dann im Fünfzigerausschuss und später in der Frankfurter Nationalversammlung. Karl Friedrich Wilhelm Mathy vertrat spätestens ab 1848 ein gemäßigtes liberales Programm, das auf ein vereintes Deutschland in Form einer konstitutionellen Monarchie abzielte.

31 Sebastian Straub (1810–1883), Jurist und Politiker. Von 1844 bis 1848 Bürgermeister in Stockach, von 1845 bis 1848 liberaler Abgeordneter der Zweiten Kammer im Badischen Landtag. Straub war ein Freund von Friedrich Hecker, im Laufe der Zeit lehnte er jedoch die aus seiner Sicht radikale Einstellung von Hecker immer mehr ab, weshalb er noch im Jahr 1848 sein Landtagsmandat zurückgab und als Bürgermeister zurücktrat.

Seekreis, um die entstandene Bewegung zu dämpfen. Die Ausführung des Ersteren wurde unredlich gefunden, die Bemühungen der Letzteren schlugen gegen sie aus, so dass sie auf ihrem Rückweg solche Äußerungen des Volksunwillens erfuhren, welche ihnen genugsam zeigten, welch' großen Missgriff sie mit Übernahme ihrer Mission gemacht. (...)

Zu gleicher Zeit langten Briefe des Abgeordneten Welcker[32] in seinem Wahlbezirk an, welche vor übereilten Schritten warnten, und mit denselben erschien eine Erklärung mehrerer Abgeordneter in der Karlsruher Zeitung, welche lautet wie folgt: »*Es ist durch Wort und Schrift das Gerücht verbreitet worden, in der am 5. des Monats zu Heidelberg abgehaltenen Versammlung[33], von welcher die Erklärung wegen eines deutschen Parlaments ausgegangen, habe man die Gründung einer deutschen Republik insgeheim beschlossen. Die Unterzeichneten, welche der erwähnten Versammlung beigewohnt, erklären dieses Gerücht für eine Unwahrheit. Karls-*

---

32 Carl Theodor Welcker (1790–1869) war Professor der Rechtswissenschaften und einer der führenden Vertreter des süddeutschen Liberalismus. Von 1831 bis 1851 gehörte er der Zweiten Badischen Kammer an, 1848 war er Mitglied des Vorparlaments und Abgeordneter an der Frankfurter Nationalversammlung, wo er im »Verfassungsausschuss« maßgeblich an der Ausarbeitung einer gesamtdeutschen Verfassung beteiligt war.

33 Die *Heidelberger Versammlung* war ein Treffen von 51 liberalen und demokratischen Politikern am 5. März 1848 im Gasthaus Badischer Hof in Heidelberg. Dazu eingeladen hatte der liberale Politiker Johann Adam von Itzstein. Die Versammlung war ein wesentlicher Impuls für das Vorparlament und damit für die Frankfurter Nationalversammlung. Wichtigstes Ergebnis dieses Treffens war die von Carl Theodor Welcker angeregte Einsetzung eines Siebenausschusses, der die Einladungen für das Vorparlament in Frankfurt am Main aussprach.

ruhe, den 15. März 1848. Soiron. Stöffer. Bissing. Bassermann. Schmidt. Weller. Welcker. Kapp. Itzstein.«

Alle diese Umstände waren geeignet, einige Verwirrung und Zwiespalt nicht allein im Seekreis, sondern auch im Land überhaupt hervorzubringen. Unter diesen Verhältnissen trat ein Teil der Konstanzer Abordnung, welcher ich mich beigesellte, die Reise nach Offenburg an. In Villingen war zwei Tage zuvor eine Volksversammlung gewesen, welcher Mathy und Straub angewohnt hatten, und deren Geist am besten dadurch sich bekundete, dass, als Mathy sich äußerte: wir kommen nun zur »Besprechung der republikanischen Regierungsform«, die Versammlung in jubelnde Lebehochs ausbrach, welche dann freilich auf Mathy's weiteren Vortrag, der gegen die Republik gegangen sein soll, etwas umgestimmt worden. Irgendeine Behelligung der Konstanzer Abordnung oder einer Person derselben in Villingen, wie lügenhafterweise ausgestreut worden, um der Sache zu schaden, fand so wenig statt, als überhaupt ein unfreundliches Wort gewechselt worden. In Föhrenbach zeigte die daselbst anwesende Versammlung von Bürgern aus der Umgebung in ihrer großen Mehrheit entschiedene Übereinstimmung für die Republik.

Die Abordnung beeilte sich nun, um zur Vorberatung nach Offenburg zu kommen, welches sie Samstag, den 18., des Nachmittags erreichte.

(Fortsetzung, Nr. 71)
Da die Mannheimer noch nicht eingetroffen waren, wurden die Stunden, welche man übrig hatte, benützt zu Besprechungen mit Freunden, Bekannten und Männern aller Klas-

sen aus dem Volke, um sich über den Stand der Sache zu unterrichten, und es war jedem, dem die Sache wahrhaft am Herzen lag, wohltuend, durchweg die Wahrnehmung zu machen, dass der Gewerbestand und der Bauer wie der gedrückte Proletarier nicht bloß den sehr einfachen Gedanken der Republik schnell begriffen hatten und ihm innig anhingen, sondern dass mit dieser Gesinnung auch der Mut und die Tatbereitschaft verbunden war, sie auf den ersten Ruf durchzuführen. Jene Redensarten, welche stets von Anhänglichkeit an den republikanischen Grundsatz überfließen, aber hinsichtlich der Zeit der Ausführung sich hinter »Rücksichten«, »Klugheit« und Wegleugnung der Volksgesinnung verschanzten, waren nur zu vernehmen von der Angehörigen der sogenannten höheren Stände, von »gebildeten« Leuten, welche glauben, dass dem Volk mit schönen Reden geholfen sei, und welche höchstens wünschen, dass die »Ereignisse«, d. h. der Mut des Volkes anderwärts die Republik herbeiführen, ohne dass sie, die dann doch an der Spitze glänzen möchten, ihre Köpfe einsetzen müssten. Mit Ausbruch der Nacht langten die Mannheimer Kammer-Abgeordneten an, mit ihnen der unermüdete Struve und Grohe[34], der Zauderer. Die Konstanzer Abordnung hatte sich zerstreut, und ich war allein zugegen, als sie im Gasthof anlangten. Mein persönliches Benehmen gegen dieselben mang etwas schroff gewesen sein, da ich einesteils nicht einverstanden war mit der Art und Weise, wie sie die Offenburger Versammlung zu lenken gedachten, und andernteils ich der Meinung war, Mathy und Straub hätten, wie ersterer hier selbst behaup-

34 Clemens Grohe (1829–1900). Kaufmann und Politiker.

tet, im Einverständnis mit ihren Kollegen gehandelt, als sie die Sendung nach der Seegegend übernahmen. Dies führte meinerseits zu heftigen Erklärungen gegen dieselben und zu dem Entschluss, mit ihnen gar nicht zu verkehren, sondern unmittelbar vor das Volk zu bringen, was mir auf dem Herzen lag. Hierin wurde ich bestärkt durch das zahlreiche Eintreffen der mit Vollmachten ihrer Gemeinden versehenen Abgeordneten aus dem Seekreis, welche den entschiedenen Geist mitbrachten und erklärten, dass sie nicht halben, sondern ganzen Maßregeln beistimmen und dieselben mit Gut und Blut unterstützen würden. Struve und der Abgeordnete Sachs drangen mir aber mit wiederholten Vorstellungen im Interesse der Sache, welcher wir dienen und welche nur durch Einigkeit zum Ziel gelangen könne, die Zusage ab, einer Beratung auf Itzsteins[35] Zimmer anzuwohnen.

35 Der Publizist Adam von Itzstein (1775–1855) war einer der prominentesten Liberalen und gestaltete als Abgeordneter der zweiten badischen Kammer ab 1822 erste Reformen mit. Baden war zu dieser Zeit eines der wenigen Länder, das durch eine Verfassung bereits erste politische Mitbestimmung ermöglichte. Doch auch hier wurde die Opposition um Itzstein mit Zensur und Verfolgung belegt. Bald schied er ganz aus dem Verwaltungsdienst aus und betätigte sich nun publizistisch im Kreis um den Initiator des Hambacher Fests, Georg August Wirth. Als Itzstein 1837 ein großes Weingut im Rheingau erbte, gestalte er dies zu einem zentralen Treffpunkt der Liberalen. Hier trafen sich demokratische Vorkämpfer wie Robert Blum oder Johann Jacoby mit liberalen Juristen wie Carl Theodor Welcker oder Heinrich von Gagern. Dieser »Hallgartener Kreis« wurde zum Sammelbecken der liberalen Opposition aus allen deutschen Ländern. In der Frankfurter Nationalversammlung, aber auch in den badischen Revolutionsunruhen trat er immer wieder vermittelnd zwischen Radikalen und Gemäßigten auf. Schließlich zwang das Ende der Nationalversammlung auch ihn 1849 ins Schweizer Exil.

(Fortsetzung)

Hier waren etwa an zwei Dutzend Kammerglieder und Gemeindeabgeordnete versammelt. Struve verlas den der Volksversammlung zu machenden Vorschlag, welcher in Mannheim vorberaten worden war. Alle Anwesenden erklärten, Republikaner zu sein, hielten aber, teils wegen noch mangelnder Bewaffnung des Volkes, teils wegen mangelnder Organisation, teils weil der Gedanke einer Republik in den übrigen deutschen Ländern noch nicht vorbereitet genug sei, den Zeitpunkt für zu früh, um die Volksversammlung zu einer republikanischen Erklärung zu veranlassen. Aber so nah am Abgrund des Verderbens liegt die Monarchie, dass nicht einer der Anwesenden sich getraute, ihr das Wort zu sprechen, sondern alle anerkannten: »Sie habe sich selbst untergraben und müsse stürzen«, nur glaubten sie den Zeitpunkt dazu heute noch nicht gekommen, die Republik zu erklären.

Ich verfocht die gegenteilige Ansicht, davon ausgehend, wenn die Monarchie wurzellos dastehe, der Boden nur für die Republik geeignet sein könne; dass das Volk überall nicht bloß Einheit und Freiheit, sondern Erleichterung der Lasten und wohlfeile Regierung verlange; dass aber nie eine Fürstenregierung, sondern nur eine Volksregierung einfach und wohlfeil sein könne; dass die Verlängerung des gegenwärtigen provisorischen Zustands, die Stockung in Handarbeit, Gewerben, Handel, Kreditverhältnissen und die fortwährende Furcht vor neuer Umwälzung und Änderung der Staatsverhältnisse weit schlimmer sei, als eine plötzliche Revolution, aus welcher sogleich eine bestimmte Gestaltung der Dinge hervorgehen müsse; dass bei Staatsumwälzungen nicht immer Klugheit und Rücksichten, sondern auch

Kühnheit und kecke Griffe zum Ziel führen; dass gegenwärtig die Regierungen kein Widerstandsmittel haben, und das Losungswort, von einem deutschen Staat ausgesprochen, seine zauberhafte Wirkung in ganz Süddeutschland nicht verfehlen, dass es im Osten wie im Norden Anklang finden würde; dass hingegen ein deutsches Parlament, besonders wie es vorgeschlagen sei, weder fähig erachtet werden könne, Deutschlands Gesinnungen auszudrücken, noch dass es Bürgschaften gebe, im Sinne der Nation zu handeln, und dasselbe kein Vertrauen im Volk habe. Da sich viele Widersprüche nicht vereinigen konnten, so stellte ich (...) die letzte Bedingung dahin, dass dem Vorschlag an die Volksversammlung jedenfalls der Zusatz gemacht werden müsse:

Das Volk verlangt von der Ständeversammlung, dass sie die entschiedensten Maßregeln treffe, um zu bewirken, dass die Regierung:

1) Sofort eine Verschmelzung des stehenden Heeres und der Bürgerwehr durchführe, zum Behufe der Bildung einer wahren, alle waffenfähigen Männer umfassenden Bürgerwehr.

2) Alsbald alle Abgaben abschaffe, außer den Zollvereinsabgaben und etwa der direkten Steuern, und ihre Ausgaben decke durch eine progressive Einkommens- und Vermögenssteuer.

Diese Anträge wurden angenommen und nach einer weiteren, allgemeinen Debatte über den Stand der Sache und der Zweckmäßigkeit des eingeschlagenen Weges, trennte sich lange nach Mitternacht die Versammlung.

(Fortsetzung)

Am Morgen des 19. zeigte sich erst recht fühlbar der Mangel an Anordnung einer Vorberatung. Nur die Abgeordneten des Seekreises, fast alle mit schriftlichen Vollmachten ihrer Gemeinden versehen, versammelten sich im Saal zum Adler, wählten einen Ausschuss von 12 Mitgliedern, welcher bei der erwarteten Vorverhandlung die Vollmachten übergeben und die Stimme des Seekreises vertreten sollte. Dieser Vorbereitung der Seekreiser hatte auf mein Ersuchen der Abgeordnete Sachs[36] angewohnt.

Als wir aber zur sogenannten Vorverhandlung auf dem Rathaussaal anlangten, war dessen kleiner Saal statt von Ausschüssen oder Abgeordneten der übrigen Kreise von einem gemischten Publikum angefüllt oder vielmehr überfüllt. Von einer geordneten Beratung konnte umso weniger die Rede sein, als die Zeit zur Hauptversammlung drängte. Man nahm weder Vollmachten ab noch sonst irgendeine Verhandlung vor, außer den Wahlvorschlägen für die Mitglieder der Zentralregierung. Die Hauptverhandlung selbst wurde durch Itzstein eröffnet, dessen Reden, so wie jene aller übrigen Sprecher, mit Ausnahme Gottschalk's, der Republik huldigten, aber meistens von der Besorgnis durchdrungen waren, dass man in einzelnen Landesteilen diese Staatsform zu früh erklären möchte, was man, um die Einheit mit

---

36 Wilhelm Sachs (1801–1866), Unternehmer und radikaler Demokrat. 1847 wurde er zum Abgeordneten in die Zweite Kammer der Badischen Ständeversammlung gewählt. Im Rahmen der Märzrevolution 1848 nahm er an der Heidelberger Versammlung teil und war Mitglied des Vorparlamentes. In der Frankfurter Nationalversammlung gehörte Sachs zur radikal-demokratischen Fraktion Deutscher Hof.

dem übrigen Deutschland nicht zu verlieren, zu verhindern wünschte.

Die Stimmung im Volk war durchaus entschieden, was schon daraus hervorging, dass die am weitesten gehenden Anträge mit dem rauschendsten Beifall angenommen wurden. Der Eindruck, den die Behandlung der Versammlung auf mich machte, war sehr peinlich, ich darf sagen, eine Seelenqual; denn ich sah den Mut auf der Straße stehen und die Bedenklichkeit bei den Lenkern tagen. Überhaupt waren »Klugheit und Rücksichten« die Schlagworte, welche mir hundertmal durch die Ohren gejagt wurden, und ich hätte ganz darauf verzichtet, das Wort zu ergreifen, wenn nicht Gottschalk[37] mit seiner konstitutionellen Monarchie gekommen wäre, und man mich nicht dadurch einzuschüchtern versucht hätte, dass man mir vielfach sagte, dass ich durch komplottartiges Zusammenwirken ausgepfiffen würde, wenn ich mich als Sprecher blicken ließe. Mit wenig Worten trat ich daher Gottschalk entgegen und erklärte ferner: »Ich gehöre der äußersten republikanischen Richtung an«, und nur die Rücksicht darauf, dass der Strom der Ereignisse schon so in vollem Treiben sei, dass die nächsten

37 Andreas Gottschalk (1815–1849), eine der markantesten Persönlichkeiten Kölns im 19. Jahrhundert, konvertierte vom Judentum zum Christentum, wobei für ihn die »Brüderlichkeit aller Menschen« ein wichtiges Motiv war. Er erkannte Armut und Elend als Ursachen von Krankheiten, engagierte sich sozial und war als Gründer und Präsident des Kölner Arbeitervereins einer der Pioniere der Arbeiterbewegung. Im Juni 1848 gehörte Gottschalk zu den Mitbegründern des Centralmärzvereins, dem Zusammenschluss demokratischer Vereine auf nationaler Ebene. Als Arzt der Armen starb er noch im selben Jahr an der in Köln grassierenden Cholera-Seuche.

Wochen unzweifelhaft Entscheidung herbeiführen werden, wozu selbst die von der Versammlung gefassten Beschlüsse mitwirken, so wie der Wunsch, die Einigkeit (der Führer) nicht zu stören, könne mich abhalten, heute die entsprechenden Anträge zu stellen. Dies ist die Wahrheit und nicht die Lügenberichte, welche sich gleichlautend mit wenigen Ausnahmen durch die gesamte deutsche Zeitungswelt ziehen, die Versammlung als unrepublikanisch schildern und mir sogar ein Bekenntnis in den Mund legen, als hätte ich mich zu einer Übereilung bekannt. Im Gegenteil war noch keine Sekunde in mir die Überzeugung erschüttert, dass ich noch nie einen richtigeren Blick in meinem ganzen vergangenen politischen Wirken gehabt, als über die Wirkungen, welche die französische Revolution auf Deutschland äußern würden, und über die Mittel, welche angewendet werden sollten, um die große Bewegung zur Wohlfahrt des Vaterlandes zu lenken. Von Tag zu Tag mehr wird meine Voraussicht bestätigt, und was ich in engeren und weiteren Kreisen wiederholt seit drei Wochen erklärte, lege ich hier in wenigen Worten nochmals nieder:

»An dem Sieg der republikanischen Bewegung in ganz Deutschland hege ich nicht mehr den geringsten Zweifel. Wenn aber die Regierungen noch vier Wochen fortfahren sollten, die Unhaltbarkeit ihrer Stellung zu verkennen, wenn ein Teil des besitzenden Bürgertums sich ferner offen oder geheim der Bewegung entgegenstemmt, wenn dasselbe verweigern sollte, die schwer misshandelten Proletarier (die Armen, Besitzlosen, Gedrückten) als Brüder aufzunehmen und ihnen eine bessere Zukunft anzubahnen, so wird dieses Proletariat ausschließlich die Bewegung an sich reißen, und ein gähnender Abgrund wird nicht allein die schlechten Staatsordnungen, sondern tausend und abertausend gute freiheits- und bruderliebende Bürger verschlingen, weil die lange Gedrückten von Rachedurst erfüllt, weder ein Ziel der Bewegung, noch eine Berechtigung irgendeines bestehenden Verhältnisses anerkennen werden. Dieser nur zerstörende, nicht aber aufbauende Kreislauf würde aber dann auch das Grab der Freiheit und das Unglück der Armen selbst sein, weil sie entweder in fortwährender Anarchie zugrunde gehen oder einem zur Herrschaft gelangenden Despotismus anheimfallen müssten. Noch ist es Zeit, das Schlimmste zu hindern, allein schon klopft der Mahner an der Tür, und noch hält die Verblendung jene für ihre Feinde, die ihr die Wahrheit sagen.«

Konstanz, 30. März 1848
J. Fickler

TAGEBUCHEINTRAG EINES OFFENBURGERS[38]

Auf den 19. März war in Offenburg eine große Volksversammlung anberaumt, die von etwa 20 000 Menschen besucht wurde. Eine drückende, bange Besorgnis und Schwüle verbreitete sich unter den Bewohnern Offenburgs, eine bange Sorge, ob eine zum ersten Mal in so ungeheurer Masse versammelte Volksmenge, bei der jetzigen Gereiztheit der Gemüter und angestachelt von den exaltiertesten Menschen, sich einer gräuelvollen Unordnung enthalten und ob bei einer so großen Anzahl von Bewaffneten, die man erwartete, diese Unordnung nicht blutige Kampfesszenen herbeiführen und am Ende eine Masse Lumpengesindel, das von Straßburg und anderwärts her erwartet wurde, die Momente der Verwirrung zu Brandstiftung und Plünderung benutzen würde. Dank den guten Vorkehrungen des Komitees, Dank aber insbesondere der ausgezeichnet guten Haltung des versammelten Volkes: Jene Befürchtungen waren umsonst. Das großartige Volksfest ging ohne alle Störungen und erhebend schön vorüber. Die meisten Deputierten und sonstigen Sprecher kamen schon tags zuvor hier an. Am Abend wurden

38 Aufgeschrieben am 19. März 1848 von Gebhard Gagg, dem Leiter des Offenburger Gymnasiums.

bis lange nach Mitternacht Vorberatungen gepflogen. Es handelte sich vorzüglich darum, die Republikaner und insbesondere den stürmischen Fickler zum Schweigen zu bringen. Die vorzüglichsten badischen Deputierten und Volksmänner stellten die Rechte und Wünsche des Volkes zum Behufe eines Programms für die Ständekammer zusammen. Republikanische Gelüste einzelner drangen nicht durch. Die Deputierten waren einig, dass eine Republik in Baden gegenwärtig diesem Lande selbst und Deutschland zum Verderben gereichen würde. Man vertröstete die republikanisch Gesinnten auf den Zusammentritt deutscher Abgeordneter in Frankfurt und das deutsche Parlament und ließ selbst in den öffentlichen Reden deutlich durchblicken, dass diese Idee und dieser teilweise Wunsch in nicht langer Zeit in Erfüllung gehen werden.

Die Stadt Offenburg war mit schwarz-rot-goldenen Fahnen, von denen eine bis drei von jedem Hause herunterwehten, und teilweise mit Kränzen und Teppichen herrlich verziert, besonders schön war der Balkon des Rathauses geschmückt, von welchem herab die Reden gehalten wurden. Nachdem schon am Samstag zuvor so viele Freunde angekommen waren, dass sie in den Wirtshäusern kein Unterkommen mehr fanden, so rückten am Sonntag morgens von aller Frühe an die Leute scharenweise in die Stadt ein. Die Bauern der Umgebung kamen auf mehr als 100 vierspännigen Wagen mit den schönsten Pferden bespannt, die Fuhrleute zu Pferd mit schwarz-rot-goldenen Schärpen, auf jedem Wagen eine prachtvolle Fahne von denselben Farben. Die Bauern im Sonntagsanzuge jeder mit einer deutschen Kokarde, singend oder mit Rufen auf Deutschlands Freiheit. Ungeheure Bahnzüge, vollgepfropft von Menschen und mit Fahnen geziert, kamen von fünf zu fünf Minuten. Sie wurden von Tausenden von Zuschauern mit Jauchzen empfangen, jauchzend erwiderten sie den Empfangsgruß. Nach 11 Uhr begann die Versammlung, die Menschenmasse, Schulter an Schulter die Straße anfüllend, stand abwärts vom Rathaus bis zur Rehmann'schen Apotheke und hinauf bis zur *Sonne*[39], anderseits den Spitalplatz anfüllend bis in die Steingasse, viele schwarz-rot-goldene Fahnen erhoben sich aus der Menge, Sensen ragten da und dort hervor.

Da Bürgermeister Rée etwas unwohl war, so eröffnete Apotheker Rehmann mit wenigen Worten die Versammlung und stand dann den Sprechern zur Seite. Zuerst sprach Itzstein, dann Struve, Eller, Kapp, Hecker, Dekan Fuchs (wurde aber nicht verstanden), Soiron, Würth von Konstanz.

Hierauf wurden die zu fassenden Beschlüsse, jeder einzeln von Struve in Antrag gebracht und darüber durch [Handzeichen] abgestimmt, dann wurden die, welche aus dem Volke sprechen wollten, dazu aufgefordert und auf die Tribüne eingeladen. Es sprachen noch Fickler, Winter von Heidelberg und Gottschalk. (...)

Mit Ausnahme Gottschalks, der zu viel moralisiert hat, wurden alle Reden mit großem Beifall aufgenommen. Der Liebling der Versammlung war Hecker, nach ihm Struve; Itzstein ist der Abgott des Volkes. Um halb 3 Uhr war die Versammlung zu Ende. Bewaffnet erschienen nur die aus dem Renchtale[40]; sie legten aber auf Ersuchen die Waffen,

39   Ein Offenburger Gasthof.
40   Die Rench ist ein aus dem Schwarzwald kommender rechter Nebenfluss des Rheins in der Ortenau (Mittelbaden).

bestehend in Sensen, Flinten und Büchsen, während ihres Aufenthaltes in der Stadt nieder. Die Vorkehrungen zum Schutze der Stadt bestanden darin, dass eine Deputation nach Straßburg zum Präfekten beordert wurde und ihm erklärte, dass die Franzosen einzeln als Gäste willkommen sein sollten, geschart aber und mit Fahnen würden sie nicht zugelassen werden, und er möchte sie daher davon abwendig machen.

In Offenburg patrouillierten beständig 200 Bürger, die nicht vom Bürgermilitär genommen waren, von mittags 12 Uhr bis nachts 12 Uhr unbewaffnet in der Stadt, hatten weiß-rote Armbinden und waren auf dem Hauptplatze verteilt, um jeder Ruhestörung möglichst vorzubeugen. Wäre eine solche ernstlich ausgebrochen und nicht mehr friedlich zu schlichten gewesen, so wäre die Trommel gerührt worden und das Bürgermilitär und die 200 Mann Sicherheitswache und andere Einwohner wären nach Hause, um sich zu bewaffnen oder nach den 4 Waffen-Depots geeilt, um durch bewaffnetes Einschreiten die Ruhe womöglich wieder herzustellen, was aber bei einer (solchen) Menschenmenge nicht leicht geschehen hätte können. Es kamen zu diesem Zwecke abends vor der Versammlung 200 Gewehre mit scharfer Munition an.

DEUTSCHLAND[41]

Konstanz. Überall regen sich unsere deutschen Mitbrüder in Frankreich wie in der Schweiz und sind bereit, für die heilige Sache der Freiheit Gut, Blut und Leben auf den Altar des Vaterlandes zum Opfer zu bringen. So erließen unsere deutschen Brüder in Lausanne eine echt deutsche Adresse an die Frankfurter Versammlung, in der sie erklären, dass sie für die einzige und alleinige Regierungsform die Republik anerkennen. Deutsche Mitbrüder, hört den Ruf, die deutsche Mahnung von euren fernen Brüdern; sie versprechen, mit euch den schändlichen Volksbetrug abzuschaffen, mit bewaffneter Hand und unerschütterlichem Mut euch im heiligen Kampf für eure Freiheit beizustehen! Lasst nicht tatenlos den günstigen Augenblick vorübergehen, sonst werden eure Tyrannen euch wieder Ketten schmieden, die ihr jahrelang zu zersprengen nicht vermögen werdet! Rafft alle eure Kräfte zusammen, schüttelt ab das drückende Joch der Knechtschaft, der Tyrannei, dass so lange Zeit auf eurem wundgedrückten Nacken ruhte; zersprengt die Fesseln und

---

41 In jeder Ausgabe der *Seeblätter* gab es kurze Rubriken – eine Art Presseschau – über die Situation in Deutschland und den Nachbarländern, vor allem in der Schweiz, in Frankreich und Italien.

Ketten, welche eure Würger, mit hartem Eisen geschmiedet, euch angelegt; stürzt herab von den entweihten, von mörderischen Händen besudelten Thronen die Verräter des Volkes, die euch alle zustehenden Rechte geraubt und eure Habe und euer Eigentum an sich gerissen, um ihre Mätressen, Spione und den Tross ihrer zu Verrätern gestempelten Dienerschaft in höchst untertäniger Dummheit zu erhalten und zu füttern! Nehmt aus den bluttriefenden Händen den Zepter, zernichtet, zertrümmert ihre teuflische Gewalt.

Lasset euch keineswegs betören von süßen, schmeichelnden, aber giftigen Worten eines heuchlerischen preußischen Tyrannen, der zur mordsüchtigen Bestie herabgesunken ist! Traut nicht dem alten Lug- und Trugsystem, das jetzt bei diesen Dieben und Mördern wieder zur Anwendung gebracht wird, indem sie euch in der höchsten Not und Verlegenheit Versprechungen geben, die sie aber niemals erfüllen werden, wie die Erfahrung uns lehrt.

(…) Sag, liebes deutsches Volk, wie lange noch willst du sie behalten, diese Blutsauger? Wie lange noch deine eigenen Töchter an diese Wüstlinge verkaufen oder einen Tross fremder Mätressen füttern? Wie lange noch, rufe ich euch mit Heinzen[42] zu: »Ihr armen Auswanderer, die ihr endlich nach jahrelanger Qual, nach jahrelangem Elend euch von der

---

42 *Karl Peter Heinzen* (1809–1880), deutsch-amerikanischer Schriftsteller und Publizist, kritisierte in mehreren Schriften die preußische Verwaltung und musste 1844 nach Belgien flüchten, später in die Schweiz (wo er Bekanntschaft mit Ludwig Feuerbach und Arnold Ruge machte) und 1847 in die USA. Nach Ausbruch der Märzrevolution 1848 kehrte er nach Deutschland zurück und unterstützte die Badische Revolution. Nach ihrem Scheitern ging er wieder in die USA und war dort Redakteur und Herausgeber mehrerer Zeitungen.

geliebten Scholle losreißt, auf der ihr geboren worden, die ihr euch losreißt, um in unbekannter Fremde, weit jenseits des Meeres den letzten Versuch zu machen, ob es euch gelinge, wenigstens ein einziges Mal eine menschliche Stellung zu erringen, ehe man euch auf den Kirchhof bringt.«

Wie lange noch werdet ihr diese eure Verdränger füttern lassen? Wie lange noch, deutsches Volk, wirst du deine eigenen Söhne diesen Untieren hingeben, um sie als Mordwaffen gegen dein eigenes Leben zu gebrauchen? Nimmermehr! Nieder mit diesen Volksverrätern, verjage sie von deiner geheiligten Stätte, ziehe aus mit Mut in den heiligen Kampf, um die lange vorenthaltenden Güter und Rechte der Menschheit zu erringen. Verbinde dich mit deinen Brüdern im fernen Land, rufe sie, wenn die Not dich drängt, und stehe dann mit vereinter Kraft für deine Freiheit ein. Dann wirst du siegen und einen Bund stiften, dessen Losungswort: Freiheit! Gleichheit! Bruderschaft! ist.

Karlsruhe, 27. März. Heute Abend wurde eine Versammlung von 800 Arbeitern im Promenadenhaus gehalten, welche einstimmig beschlossen, an das Vorparlament zu Frankfurt die Forderung zu stellen, dass dasselbe die Republik proklamieren solle[43]. Die Arbeiter sagen in ihrem Schreiben an das

43 Volksbewaffnung, Pressefreiheit, Schwurgerichte nach englischem Vorbild und ein deutsches Parlament, lauteten die vier zentralen Forderungen der Mannheimer Volksversammlung am 27. Februar 1848, die der radikaldemokratische Rechtsanwalt und Publizist Gustav Struve einberufen hatte. Diese »Märzforderungen« waren der Startschuss für die Deutsche Revolution vom 1848. Überall in Deutschland kam es nach der »Februarrevolution« in Frankreich im März 1848 zu Demonstrationen und zu Volksversammlungen wie in Mannheim.

Vorparlament:

»*Die arbeitenden Klassen sind durch die jetzige Einrichtung des Staates schwer gedrückt. Was sie mit saurem Schweiß erwerben, das wird verwendet zur Erhaltung von Fürsten, Prinzen, Hofstaat, Gesandten, stehendem Heer, Pfaffen, Beamten, Mätressen, Spionen usw. Oder es fließt in den Beutel eines Arbeitgebers, der von der Arbeit unserer Hände seine großen Häuser baut und seine Equipagen hält, und uns dafür auf die Straße setzt, wenn es ihm beliebt. Dieser Zustand war bisher in Frankreich; er ist noch in Deutschland. Frankreich hat seine Revolution gemacht, um alle bevorrechteten Klassen aufzuheben und eine Regierung zum Wohl des ganzen Volkes einzusetzen. Die arbeitenden Klassen kommen jetzt in Frankreich zu ihrem Recht.*

Die Müßiggänger und Schurken werden nicht mehr auf Kosten des Volkes erhalten. Auch wir wollen, dass die Schurken und Müßiggänger nicht mehr auf Kosten des Volkes erhalten werden. Auch wir wollen die freieste und wohlfeilste Regierung. Es ist ein bekanntes Rechenexempel, wie teuer die jetzigen Regierungen sind. Siebzig Millionen Taler kosten allein die etlichen und dreißig Fürsten in jedem Jahr.

Wie geringe Besoldung erhält dagegen ein nordamerikanischer Bundespräsident! Wie frei ist dagegen auch jenes Land dem unsrigen gegenüber! – Wäre es daher auch nur die Wohlfeilheit, so müssten wir die republikanische Verfassung dringend fordern. Die arbeitenden Klassen wollen die Früchte ihrer Arbeit genießen. Sie finden es durchaus nicht für angemessen, als schlesische Weber zu verhungern oder sich zusammenschießen zu lassen. Sie wollen vielmehr einen Zustand, in welchem sie frei und glücklich leben, in welchem Bildung und Wohlstand für alle besteht.

Freiheit, Gleichheit, Verbrüderung! Wir fordern die Versammlung in Frankfurt auf, die republikanische Verfassung zu proklamieren.«

Die ganze Versammlung hat geschworen, der Republik
treu zu bleiben und mit der Tat für sie zu wirken. Zugleich
wurde beschlossen, eine Freischar zu bilden, zu welcher
schon die Einzeichnungen geschehen sind. Die Arbeiter
werden von der Regierung Waffen verlangen.

KARL MATHY, WEILAND ABGEORDNETER DER STADT KONSTANZ, NUNMEHR ENTLARVT ALS VERRÄTERISCHER GAUNER ERSTER KLASSE

(Von Franz Josef Egenter[44])

Kaum war gestern nachmittags (Sonntag, 9. April) die Post vom Unterland in Konstanz angekommen, so verbreitete sich gleich einem Lauffeuer nicht nur durch die Stadt, sondern auch in die angrenzenden Schweizerorte die

44 Franz Josef Egenter (1805–1890), der Autor dieses hier leicht gekürzt wiedergegebenen Textes, studierte Medizin in Freiburg und war von 1832 bis 1841 Unterarzt in der österreichischen Armee. Anschließend gab er den Arztberuf auf und verschrieb sich literarischen und politischen Aufgaben. Nach seinem Austritt aus der kaiserlich-königlichen Armee Österreichs ließ er sich in Konstanz nieder. Hier kam er rasch in Kontakt zu Joseph Fickler und trat in die Redaktion der *Seeblätter* ein. Insbesondere in den Jahren 1847 und 1848, in denen Joseph Fickler vielmals und lange auf Agitationsfahrten und in Haft war, lag die redaktionelle Arbeit für die *Seeblätter* vor allem bei Egenter. Die ungezügelten Hassausbrüche Egenters nach der Verhaftung Ficklers veranlassten die Staatsanwaltschaft, auch ihn in Haft zunehmen (am 20. April 1848) und ins Zuchthaus in Bruchsal zu bringen. Egenter erkrankte schwer und wurde nach elf Monaten Untersuchungshaft (ohne Verfahren) wieder entlassen. Im Laufe des Jahres 1849 setzte sich Egenter in die Schweiz ab, von dort ging er in die USA.

bestimmteste Nachricht: Unser Mitbürger Joseph Fickler, Redakteur der Seeblätter, sei in Karlsruhe verhaftet worden, und zwar auf Anordnung Mathys.

Herr Dekan Kuenzer[45], von der Frankfurter Versammlung über Karlsruhe kommend, war der mündliche Überbringer dieser Nachricht, die kurz darauf auch in brieflichen Mitteilungen aus dem Unterland ihre Bestätigung fand. Der Hergang bei der Verhaftung war ungefähr folgender: Fickler, gleichfalls von Frankfurt herkommend und im Begriff, nach der Heimat zu reisen, traf mit Kuenzer zu Karlsruhe ungefähr um 9 Uhr vormittags, Samstag, den 8. des Monats, im Pariser Hof zusammen. Kuenzer wollte um 10 Uhr auf der Eisenbahn abgehen, und Fickler, der noch einen Seitenweg ins Kinzigertal zu machen gedachte, entfernte sich vor 10 Uhr von Kuenzer, mit der Äußerung gegen diesen, ihn sodann in Donaueschingen treffen zu wollen. Auf dem Weg zum Bahnhof begegnete Kuenzer einem bekannten Bauern aus der Gegend von Stockach, der ihn mit der Erzählung überraschte: Fickler sei auf dem Bahnhof festgenommen und eben (…) von drei Soldaten und einem Zivilisten abgeführt worden. Als Fickler an ihm, einem bekannten Landsmann, vorübergegangen sei, habe derselbe ihm zugerufen: »Sagen Sie meinen Oberländern, dass Fickler arretiert sei.«

Etwas Näheres über die Sache erfuhr Dekan Kuenzer erst auf dem Bahnhof von einem dortigen Postbeamten. Fickler sei nämlich in einem Omnibus auf dem Bahnhof angekommen, und hier habe Mathy ihn mit folgenden Worten einem

---

45 *Dominik Kuenzer*, Spitalpfarrer in Konstanz und Mitglied der deutschkatholischen Bewegung. Während der Revolution saß Kuenzer im Ausschuss der ersten Konstanzer Volksversammlung.

Polizeikommissär bezeichnet: »Dieser Mann ist Fickler von Konstanz; ich fordere Sie auf, ihn im Namen des Gesetzes zu arretieren.« Auf die Entgegnung des Polizeikommissärs, dass ihm solches ohne Vorweisung eines Verhaftsbefehles nicht zustehe, habe Mathy geantwortet: »Ich fordere Sie noch einmal auf, diesen Mann, der den ganzen Seekreis[46] ins Unglück stürzt, im Namen des Gesetzes und auf meine Verantwortung hin zu arretieren.« Fickler habe sich neben-bei gegen Mathy geäußert: »Du bist also Polizei hier, Du Landesverräter!« Und Mathy ihm darauf erwidert: »Und Du bist Fickler!« Auf diese Nachricht hin vernahm man in der ganzen Stadt und in der nah gelegenen Schweiz, wohin immer die Kunde von dieser beispiel- und namenlosen Schandtat gedrungen war, einen Schrei der Entrüstung, des Abscheus, des Entsetzens und der Verwünschung über den ehr- und gottvergessenen Urheber dieser Judasverräterei. Selbst von kalten Gemütern, die sonst nicht leicht in Flam-men zu setzen sind, fielen furchtbare Ausdrücke des ingrimm-migsten Rachegefühls gegen die stirnfreche Niederträchtig-keit dieses schlangenglatten Polizeispions, herabgesunken auf einmal zum gemeinsten Schnüffel- und Fanghund, im (…) Dienst jener Häscher- und Henkerbande des Volkes, die vor jedem Ehrenmann als einem Todfeind heimlich erzittert und nur im Bunde mit verkäuflichen Schuften und Verrätern ihre Herrschaft zu stützen vermeint. (…) Mathy wurde als vogelfrei erklärt (…). Ich zeichne bloß die tiefe

---

46 Der *Seekreis* war eine von 1832 bis 1864 existierende Mittelinstanz der Staatsverwaltung des Großherzogtums Baden. Mit einer Fläche von 3028 km² und im Hinblick auf die Einwohnerzahl war der Seekreis der kleinste der badischen Kreise.

Wahrheit und den höchsten Grad der Entrüstung, wenn ich sage: Der elende, der vom Zeitgeist entlarvte Bube, der von Gott verdammt war, sich endlich wider willen selbst entlarven zu müssen, sich selbst an den Pranger zu stellen, das Rad- und Galgenzeichen, das er eingebrannt schon längst in der teuflischen Seele trug, auch äußerlich und weltkundig sich selbst auf die Stirne zu brennen – dieser Elende, sage ich, wäre vom Volk in tausend blutige Stücke zerrissen worden, wenn es seiner beim Anhören der Untat sogleich hätte habhaft werden können.

Und Wehe ihm auf Heute oder Morgen, Wehe ihm auf Immer (denn der Groll des Volkes wie das schmachvolle Verbrechen des Verräters werden nie verjähren), wenn er in die Hände derer gerät, denen er nur noch Bestie ist, in deren Augen er auf Immer verloren hat den Charakter des Menschlichen! (...)

Wie der erste deutsche Reichs=Poli zei=Minister seinen Probefang thut.

Karikatur auf die Verhaftung Joseph Ficklers durch Karl Mathy am
8. April 1848 in Karlsruhe. Federlithografie
© Wien Museum

FICKLER'S VERHAFTUNG,
VERDIENST MATHY'S
(Von Lorenz Brentano[47]*)*

Die am 8. des Monats auf dem Eisenbahnhof in Karlsruhe stattgehabte Verhaftung des Redakteurs der Seeblätter machte bei allen Freunden der Freiheit großes Aufsehen, noch mehr aber das kaum glaubliche Gerücht, dass diese Verhaftung durch den Volksvertreter Karl Mathy bewirkt worden sei.

Dieses Gerücht hat sich bewahrheitet, und es hat Herr Mathy in einer durch den Gemeinderat der Stadt Mannheim veröffentlichten Erklärung ausgesprochen, dass er sich in der Ständekammer und in dem Zimmer des Präsidenten

---

47 *Lorenz Brentano* (1813–1891), Jurist und Politiker. Ende Dezember 1845 wurde er als Mannheimer Abgeordneter in der Zweiten Kammer des badischen Landtags gewählt. Im Herbst 1846 spaltete sich von der badischen Kammeropposition eine radikalere Richtung ab, der auch Brentano angehörte. 1848 Mitglied der Nationalversammlung in Frankfurt als Abgeordneter von zwei badischen Wahlbezirken. Verteidiger verschiedener radikaldemokratischer Revolutionäre. Anfang 1849 wurde Brentano zum Oberbürgermeister von Mannheim gewählt, als solcher wegen seiner oppositionellen Haltung von der badischen Regierung aber nicht anerkannt.

Mittermaier[48] überzeugt habe, dass urkundliche Beweise vorlägen, welche dartun, dass Fickler im Ausland Verbindungen mit Deutschen und Ausländern gepflogen habe, welche einen bewaffneten Einfall in das Großherzogtum Baden bezweckten, wodurch er sich des Landesverrats schuldig gemacht habe; der Volksvertreter Mathy hat es daher für Pflicht gehalten, den Joseph Fickler zu verhaften und ihn den Händen der Gerichte zu überliefern. Wir wollen mit Herrn Mathy nicht darüber rechten, ob eine Pflicht des Staatsbürgers besteht, selbst mehr zu tun, als bevorstehende Verbrechen zur Anzeige der Obrigkeit zu bringen, und ob es in dem vorliegenden Falle nicht hinreichend war, dass Herr Mathy die Polizeibehörde (...) benachrichtigte; wir wollen aber denjenigen Staatsbürgern, welchen die betreffenden gesetzlichen Bestimmungen nicht besser bekannt sind als Herrn Mathy, hiermit erklären, dass selbst, wenn Beweise einer solchen Verbindung vorliegen würden, hierin nach der Bestimmung der §§ 588 und 597 des Strafgesetzbuches kein Landesverrat läge, so lange man nicht die im Ausland lebenden Deutschen für sich oder in Verbindung mit Ausländern als eine *auswärtige Macht* anerkennt. Die Freunde des Fickler brauchen daher vor der furchtbaren Anschuldigung des Landesverrates, mit welcher Herr Mathy seine Handlungsweise zu rechtfertigen sucht, nicht zu erschrecken, und diejenigen, welche dieselbe als eine patriotische Tat lobpreisen, mögen mit ihrer Freude noch zurückhalten, bis sich die Sache wei-

---

48 Carl Joseph Anton Mittermaier (1787–1867), Jurist und Politiker, Mitbegründer der »Deutschen Zeitung«, Abgeordneter der Zweiten Kammer der Badischen Ständeversammlung und Präsident des Vorparlaments in Frankfurt am Main.

terentwickelt hat. Der Unterzeichnete, von dem Verhafteten als Rechtsbeistand erwählt, erhielt gestern Abend die offizielle Einladung des Stadtamtes, zu Fickler zu kommen, um über den gegen ihn erkannten Verhaft und die Zuständigkeit des Stadtamtes eine Beschwerde zu erheben, und wurde schon dadurch sehr beruhigt, dass dieser Erlass die Überschrift trägt: »Die gegen Joseph Fickler von Konstanz wegen *Hochvertratsversuchs* und *Pressvergehen* eingeleitete Untersuchung betr.«. Dieser Aufforderung habe ich diesen Morgen entsprochen, und erfülle den von dem verhafteten Angeklagten erhaltenen Auftrag, seinen Mitbürgern zu ihrer Beruhigung und zur Wahrung seiner eigenen Rechte den Hergang und Stand der Sache, so wie er ihn mir in Gegenwart des Untersuchungsrichters mündlich und schriftlich mitteilte, in Folgendem zur Kenntnis zu bringen: Am Freitag, den 7. April, kam Fickler mit dem letzten Bahnzug von Heidelberg hier an (…). Den anderen Morgen fuhr er, in Begleitung zweier anderer Reisenden, welche in demselben Gasthof gewohnt hatten, zum Bahnhof, um mit dem ersten Bahnzuge nach Offenburg zu reisen. Am Bahnhof angekommen, wurde er von Herrn Mathy angeredet und will hier in den Blicken des Herrn Mathy unheilvolle Tücke und satanische Rache erblickt haben. Als er ihn daher in das Geschäftszimmer gehen sah, bemerkte er sogleich seinen Begleitern, es scheine ihm, dass es auf seine Verhaftung abgesehen sei, in welcher Vermutung er dadurch bestärkt wurde, dass der Bahnzug nicht abfuhr, obgleich bereits fünf Minuten über die Zeit zur Abfahrt abgelaufen waren, und in dieser Vermutung hat sich Fickler nicht geirrt. Der Volksvertreter Mathy forderte einen anwesenden Polizeikommissär auf, die Verhaftung vorzunehmen; der Polizeimann verweigerte dies, weil ihm dazu weder ein Befehl der Polizei noch der Gerichtsbehörde ermächtige, und da dieser Polizeimann (…) vor der Verhaftung erst noch zu dem Minister des Innern fahren wollte, um sich Verhaltungsbefehle zu holen, trat der Volksvertreter Mathy mit sechs, wahrscheinlich von der Torwache herbeigeholten Soldaten, an den Waggon mit den Worten: »Fickler, ich verhafte Dich.«

»Ich habe mir's gedacht«, erwiderte Fickler, »Du bist also Polizeidiener geworden«, und stieg aus dem Wagen mit den Worten: »Sagt es im Oberlande, der Landesverräter Mathy habe den Fickler verhaftet«, worauf Mathy erwiderte: »Ja, so gefährliche Menschen muss man verhaften.«

Der Polizeikommissär, welcher am Tor die Soldaten zurückbleiben ließ, führte nun den Verhafteten auf das Polizeiamt, von wo er in die Wohnung des Gefangenenwärters und von dort, kurz vor der Mittagsstunde, auf das Stadtamt gebracht wurde. Hier wurde ihm eröffnet, dass er beschuldigt sei, durch zwei Artikel der Seeblätter in den Nummern 71 und 80 aus München und beziehungsweise Konstanz einen *Versuch des Hochverrats* begangen zu haben. Gestern wurde nun auch dem Angeklagten die nachträglich von dem Staatsanwalt des Hofgerichts zu Bruchsal erhobene Anklage mit dem Antrag auf Verhaftnahme sowie das hierauf erlassene stadtamtliche Erkenntnis eröffnet, wodurch ausgesprochen ist, dass Grund zur gerichtlichen Verfolgung wegen des durch die Presse verübten Hochverratsversuchs vorhanden sei und der erkannte Untersuchungsverhaft fortzudauern habe. Gegen dieses Erkenntnis, welches den Angeklagten dem zuständigen ordentlichen Untersuchungsgerichte in

Konstanz entzieht und dadurch das im § 15 der Verfassungsurkunde gewährleistete Recht verletzt, habe ich heute die Berufung an das Hofgericht ausgeführt, und es steht zu erwarten, dass der Gerichtshof seine unparteiliche Stellung zwischen der anklagenden Staatsgewalt und dem Angeklagten wahren und ohne Rücksicht auf die politischen Gründen das Recht des Angeklagten, seinem ordentlichen Richter nicht entzogen zu werden, schützen wird.

Von Briefschaften, welche bei Fickler gefunden wurden, ist nur bemerkenswert ein Schreiben des demokratischen Bureaus von Paris vom 21. März, worin erwähnt ist: »Man habe aus öffentlichen Blättern vernommen, dass Fickler einer jener Männer sei, welche den Fürsten keine genügendere Konzession machen könnten als die Abdankung; man benachrichtige ihn deshalb, dass eine Schar von mehreren Tausenden sich in Paris gebildet habe, welche, bewaffnet und eingeübt, im Begriffe sei, abzumarschieren, dass dieselben jedoch keineswegs willens seien, einen feindlichen Einfall in Deutschland zu machen, vielmehr sich mit den deutschen Brüdern verbinden wollten, wenn dieselben entschlossen seien, die Freiheit mit den Waffen zu erobern.«

Fickler wurde ersucht, den Inhalt des Briefs, so weit wie möglich, zu verbreiten und bemerkt, dass der Name Herwegh[49], der an der Spitze stehe, eine Bürgschaft für den Charakter des Unternehmens sein würde.

49 *Georg Herwegh* (1817–1875) gehörte zu den bedeutendsten Literaten des Vormärz; mit seiner Ehefrau Emma zog er an der Spitze einer »Pariser Legion« von Frankreich aus nach Baden, um den bewaffneten Aufstand von Hecker und Struve zu unterstützen (siehe auch den Emma Herwegh-Band dieser Edition).

Auf dieses Schreiben antwortete Fickler; riet weder zu noch ab, da der Zuzug nach dem erhaltenen Schreiben damals schon begonnen hatte und von seiner Mitwirkung nicht abhängig war; er warnte aber ausdrücklich vor dem Beizuge fremder Elemente , wie z.B. des polnischen oder gar des französischen, indem die Bewegung eine reine deutsche sei und eine rein deutsche bleiben müsse; er erklärte ebenso ausdrücklich, dass man sehr im Irrtum sei, wenn man glaube, er wolle die Republik proklamieren, indem sein Bestreben nur dahin gerichtet gewesen, einen Ausspruch des Volkes hinsichtlich seiner Gesinnungen herbeizuführen. Bis jetzt ist auf den Grund dieser Korrespondenz meinem Klienten eine gerichtliche Anschuldigung nicht gemacht worden, und ebenso wenig sind ihm die urkundlichen Beweise, von deren Vorhandensein sich Herr Mathy überzeugt haben will, vorgelegt oder spezielle, den angeblichen Landesverrat begründende Tatsachen vorgehalten worden.

In Gegenwart des Untersuchungsrichters hat mir Fickler auf sein Ehrenwort erklärt, dass die Antwort auf das Schreiben des demokratischen Bureaus die einzige Schrift sei, die er in dieser Angelegenheit geschrieben, und dass seine Freunde vollkommen beruhigt sein dürften, dass keine urkundlichen Beweise, welche ihn des Landesverrats überführen könnten, vorhanden seien. Von dem Inhalt des Schreibens des demokratischen Bureaus und von der darauf erteilten Antwort hat Fickler dem badischen Bundestagsgesandten Herrn Welcker in Gegenwart der Herren Struve und Dr. Schulz Kenntnis gegeben und sich erboten, ihm den erhaltenen Brief, den er gerade nicht bei sich trug, einzuhändigen, mit der Ermächtigung, ihn dem Ministerium einzusenden.

So liegt also gegen Fickler vorderhand nur eine Anklage wegen Pressvergehen vor, und zwar wegen zweier Artikel, die er selbst nicht einmal verfasst hat, und wovon der eine während Ficklers Abwesenheit in Frankfurt ohne sein Mitwissen in den Seeblättern erschien; die Anklage wegen Landesverrats muss erst noch abgewartet werden.

Der Inhalt der veröffentlichten Erklärung des Herrn Mathy dürfte wohl in mancher Beziehung etwas klarer gefasst sein, z. B. ob er bei Hr. Mittermaier die urkundlichen Beweise gesehen und sich so von ihrem Vorhandensein überzeugt habe, ob die Verbindung, welche Fickler gepflogen haben *soll*, den bewaffneten Einfall bezweckte, oder ob diejenigen, mit denen er diese Verbindung pflog, diesen Zweck hatten, und worin denn diese Verbindung bestanden, da man wohl mit Landesverrätern Verbindung haben kann, ohne gerade zum Landesverräter zu werden, wie gerade der Brief, den Fickler geschrieben hat, den Landesverrat nicht begründen würde.

Möge daher jeder sein Urteil über die Schuld von Fickler und über die *Verdienste des Herrn Mathy* zurückhalten.[50]

Karlsruhe, den 10. April 1848
Der Verteidiger Joseph Fickler's
D. = G. = A. Brentano

---

50 Ein Jahr, ein Monat und ein Tag vergingen, bis Fickler vor das Sondergericht in Freiburg kam – und am 9. Mai 1849 freigesprochen wurde. Trotz der Härte der Untersuchungshaft ungebrochen, musste Fickler dem, was sich in ihm angestaut hatte, freien Raum geben. Vom Gericht eilte er direkt zum Hotel »Föhrenbach« und hielt, wie Gustav Struve in seinen Memoiren schilderte, eine flammende Rede.

MONARCHIE ODER REPUBLIK?

W er nicht zu jener Klasse starrsinniger Menschen gehört, welche die Baufälligkeit ihres Hauses so lange leugnen, bis es einstürzt und sie unter den Trümmern begräbt, oder zu jener, welche in der ohnmächtigen Hand die Zügel behaupten wollen, obgleich der alte Staatswagen dem Abgrunde zu, in unaufhaltsamer Schnelligkeit rennt; der wird unbedingt zugeben, dass nur eine durchgreifende politische und gesellschaftliche (soziale) Umgestaltung das Hereinbrechen vollständiger Anarchie hindern und die Grundlage bilden könne, auf welcher die künftige Staatsordnung zu beruhen und das Vertrauen in den Bestand der Dinge, und mit demselben der öffentliche und der Privatkredit, wieder anzuwachsen vermögen, ohne welche alle wissenschaftlichen Ideen zur Beseitigung der Armut unfruchtbar sein werden, weil der Nerv aller Betriebsamkeit gelähmt und die Arbeitsstockung tiefer eingreifend ist als der beste Wille der Staatsmänner, die höchste Einsicht der Finanziers und selbst die öffentlichen Mittel des Staats dagegen zu wirken vermögen.

Diese erforderliche durchgreifende Umgestaltung kann nach unserer innersten Überzeugung nur bewirkt werden

Seeblätter.

Montag   № 98.   **24. April 1848.**

Die „Seeblätter" erscheinen mit Ausnahme des Montags täglich einen halben Bogen stark und wenn der Stoff es erheischt, mit Beilagen. Preis für das halbe Jahr 3 fl.; mit Postaufschlag im ganzen Großherzogthum Baden 3 fl. 15 kr. — Bei jedem zunächst gelegenen Postamte werden Bestellungen angenommen; in Konstanz in der Buchdruckerei von H. Forrer u. Comp. (St. Paulsstraße Nr. 293). Bei Einrückungen werden für den Raum der gespaltenen Zeile drei Kreuzer berechnet.

* Monarchie oder Republik?

Wer nicht zu jener Klasse starrsinniger Menschen gehört, welche die Baufälligkeit ihres Hauses so lange leugnen, bis es einstürzt und sie unter die Trümmer begräbt, oder zu jener, welche in der ohnmächtigen Hand die Zügel behaupten wollen, obgleich der alte Staatswagen dem Abgrunde zu, in unaufhaltsamer Schnelligkeit rennt; der wird unbedingt zugeben, daß nur eine durchgreifende, politische und gesellschaftliche (soziale) Umgestaltung das Hereinbrechen vollständiger Anarchie hindern und die Grundlage bilden könne, auf welchem die künftige Staatsordnung zu beruhen und das Vertrauen in den Bestand der Dinge, und mit demselben der öffentliche und Privatkredit, wieder anzuwachsen vermögen, ohne welche alle wissenschaftlichen Ideen zur Beseitigung der Armuth unfruchtbar sein werden, weil der Nerv aller Betriebsamkeit gelähmt und die Arbeitslosigkeit tiefer eingreifend ist, als der beste Wille der Staatsmänner, die höchste Einsicht der Finanziers und selbst die öffentlichen Mittel des Staats dagegen zu wirken vermögen. — Diese erforderliche durchgreifende Umgestaltung kann nach unserer innersten Ueberzeugung nur bewirkt werden durch Verwandlung der Monarchie in die Republik. Wir begründen diese Behauptung:

Unter die vordersten Bedürfnisse des Volkes ist das einer einfachen und wohlfeilen Regierung zu zählen; — es will Erleichterung der auf ihm ruhenden Lasten.

Diese Lasten aber entspringen: aus der Unterhaltung des stehenden Heeres; — der übermäßigen Zahl von Beamten, welche zudem von 2000 fl. aufwärts fast alle zu hoch bezahlt sind; — sie entspringen aus der übertriebenen Unzahl der Pensionäre, von welchen ein Theil wegen Untauglichkeit, ein anderer Theil aber deshalb von Amt und Stelle entfernt wurde, um Besserbegünstigten Platz zu machen; sie entspringen aus den Ansprüchen der Mediatisirten und des hohen und niedern Adels auf Staatseigenthum oder auf Leistungen der Bürger; — endlich entspringen sie aus den ungeheuern Apanagen und Civillisten der fürstlichen Häuser.

Die Lasten aber drüten doppelt hart, weil sie nach einem gänzlich verkehrten Finanzsystem bemessen und ausgetheilt sind, auch die Ueberwachung ihrer Erhebung unverhältnißmäßig theuer ist.

Das stehende Heer.

Seit einer langen Reihe von Jahren hat man fortwährend behauptet, daß die Last des stehenden Heeres eben so hart drüke, als es unzureichend sei zum Schutze des Staates. Die Schwere dieses Drukes ist heute unwidersprochen und ebenso liegt die Unmöglichkeit des stehenden Heeres zum Schutze des Staates gegen Außen an Tag, wenn dasselbe nicht verknüpft ist mit einer allgemeinen Volksbewaffnung. — So bald aber eine allgemeine Volksbewaffnung eingeführt ist, bedürfen wir so wenig eines stehenden Heeres als die Schweiz, deren Bevölkerung die des Großherzogthums Baden etwa um die Hälfte übersteigt, und welche, wie die neueste Geschichte zeigt, innert 14 Tagen ein schlagfertiges Heer von 130,000 Mann ins Feld stellte. — Das deutsche Volk bedarf daher zu seinem Schutze keines stehenden Heeres, wohl aber glaubt jene oberste Regierungsgewalt, deren Interesse abweicht von jenem des Volkes (die Monarchie), zu ihrem Schutze gegen das Volk des stehenden Heeres zu bedürfen. Aus diesem Grunde wird es schwer gehen, die Monarchie zur Aufhebung des stehenden Heeres zu vermögen, wenn gleich die Beispiele der jüngsten Zeit zartsam zeigten, daß jene Tage darum Ende nahen, wo die Söhne zu Schlächtern ihrer eigenen Väter und Brüder sich gebrauchen ließen. — Einen Grund könnte man noch anführen für Beibehaltung des stehenden Heeres; den Grund, daß auch Frankreich noch ein solches unterhalte. — Die Republik und Monarchie werden schwerlich lange im Frieden neben einander stehen, weil ihre Grundsätze sich entgegenstreben, und jede dieser Staatsformen durch die andere sich bedroht glaubt; wie sehr nun auch Frankreich in materieller Hinsicht die Aufhebung seines stehenden Heeres wünschen mag, so wird sie aus den vorgedachten Gründen schwerlich erfolgen. Wäre aber Deutschland, wenn auch nur theilweise, eine Republik, so würde gegenseitige Verständigung leicht sein, denn die Völker haben kein Interesse, sich zu bekriegen, sondern den friedlichen Verkehr zu pflegen. Frankreich und Deutschland haben beide sowohl Boden als andere Bedingungen genug, um glücklich zu sein; sobald gegenseitiges Vertrauen herrscht, wird der Frieden nicht in Gefahr stehen. Zur gegenseitigen Abschaffung der durch Verwandlung der Monarchie in die Republik. Wir begründen diese Behauptung:

Unter die vordersten Bedürfnisse des Volkes ist das einer einfachen und wohlfeilen Regierung zu zählen; es will Erleichterung der auf ihm ruhenden Lasten. Diese Lasten aber entspringen aus der Unterhaltung des stehenden Heeres; der übermäßigen Zahl von Beamten, welche zudem von 2000 Talern aufwärts fast alle zu hoch bezahlt sind; sie entspringen aus der übertriebenen Anzahl der Pensionäre, von welchen ein Teil wegen Unfähigkeit, ein anderer Teil aber deshalb von Amt und Stelle entfernt wurde, um Besserbegünstigten Platz zu machen; sie entspringen aus den Ansprüchen der Mediatisierten[51] und des hohen und niederen Adels auf Staatseigentum oder auf Leistungen der Bürger; endlich entspringen sie aus den ungeheuren Apanagen und Zivillisten[52] der fürstlichen Häupter.

Die Lasten aber drücken doppelt hart, weil sie nach einem gänzlich verkehrten Finanzsystem bemessen und ausgeteilt sind, auch die Überwachung ihrer Erhebung unverhältnismäßig teuer ist.

51 Mediatisierung (»Mittelbarmachung«): Eingliederung von Reichsständen, Fürstentümern und Adeligen in die neuen Bundesstaaten.
52 Zivilliste, in älteren Texten auch *Civilliste*: der jährliche Betrag, der einem Monarchen und seinen Angehörigen aus der Staatskasse gewährt wird. Darin enthalten sind die Apanage – die Abfindung der nichtregierenden Mitglieder zur Deckung eines standesgemäßen Lebenswandels – und die Aufwendungen für den herrschaftlichen Haushalt.

Das stehende Heer.

Seit einer langen Reihe von Jahren hat man fortwährend behauptet, dass die Last des stehenden Heeres ebenso hart drücke, als es unzureichend sei zum Schutz des Staates. Die Schwere dieses Drucks ist heute unwidersprochen, und ebenso liegt die Unmöglichkeit des stehenden Heeres zum Schutz des Staates gegen außen am Tag, wenn dasselbe nicht verknüpft ist mit einer allgemeinen Volksbewaffnung. Sobald aber eine allgemeine Volksbewaffnung eingeführt ist, bedürfen wir so wenig eines stehenden Heeres als die Schweiz, deren Bevölkerung die des Großherzogtums Baden etwa um die Hälfte übersteigt, und welche, wie die neuste Geschichte zeigt, innert 14 Tagen ein schlagfertiges Heer von 130 000 Mann ins Feld stellte. – Das deutsche Volk bedarf daher zu seinem Schutz keines stehenden Heeres, wohl aber glaubt jene oberste Regierungsgewalt, deren Interesse abweicht von jenem des Volkes (die Monarchie), zu ihrem Schutz gegen das Volk des stehenden Heeres zu bedürfen. Aus diesem Grund wird es schwer gehen, die Monarchie zur Aufhebung des stehenden Heeres zu vermögen, wenngleich die Beispiele der jüngsten Zeit sattsam zeigten, dass jene Tage ihrem Ende nahen, wo die Söhne zu Schlächtern ihrer eigenen Väter und Brüder sich gebrauchen ließen.

Die Republik und die Monarchie werden schwerlich lange im Frieden nebeneinanderstehen, weil ihre Grundsätze sich entgegenstreben, und jede dieser Staatsformen durch die andere sich bedroht glaubt; wie sehr nun auch Frankreich in materieller Hinsicht die Aufhebung seines stehenden Heeres wünschen mag, so wird sie aus den vorgebrachten Gründen schwerlich erfolgen. Wäre aber Deutschland, wenn auch nur teilweise, eine Republik, so würde gegenseitige Verständigung leicht sein, denn die Völker haben kein Interesse, sich zu bekriegen, sondern den friedlichen Verkehr zu pflegen. Frankreich und Deutschland haben beide sowohl Boden als andere Bedingungen genug, um glücklich zu sein; so bald gegenseitiges Vertrauen herrscht, wird der Frieden nicht in Gefahr stehen. Zur gegenseitigen Abschaffung der stehenden Heere ist also das einzige Hindernis: die Monarchie.

Die große Zahl und die hohen Besoldungen der Beamten.
Ein Staat, dessen peinliche und Zivilrechtspflege, dessen Verwaltung und Polizei auf sogenannten Wissenschaften beruhen, deren Begründung und Bekämpfung Hunderte, ja Tausende von Foliobänden in Anspruch genommen hat, deren Zahl wir durch die Bemühungen der ehrenwerten Gelehrtenzunft täglich noch zunehmen sehen, ein solcher Staat muss notwendig eine so verwickelte und vielfältige Gesetzgebung, ein so zusammengesetztes Triebwerk haben, dass es nur durch ein Heer von Beamten regiert werden kann, deren gesunder Verstand noch überdies in dem gleichen Grad verwirrt werden muss, je mehr sie sich in dem Wust der sogenannten Wissenschaft verirren. Wenn nun der Staat von jenen, welche sich seinem Dienst widmen, fünfzehn- bis zwanzigjährige Übung fordert, bis er sie zu einer unwiderruflichen Anstellung für fähig erachtet, so ist es begreiflich, dass diesen vorausgegangenen Opern auch eine entsprechende Entschädigung durch Besoldung, eine lockende Aussicht auf Beförderung vorschweben muss. Da aber das Volk eine Wissenschaft weder anerkennt noch wünscht, welche ihm eine Gesetzgebung aufnötigt, die zu weitläufig und zu ver-

wickelt ist, als dass die große Masse der Bürger je dieselbe nur lesen, geschweige denn verstehen könnte, so verlangt es von seinen Beamten auch nicht die unfruchtbaren und kostspieligen Studien, es verlangt von ihnen nur Verstand und Rechtlichkeit, um einfache Gesetze, die es sich selbst geben wird, zu verstehen und anzuwenden. Damit fällt dann auch der Anspruch auf lebenslängliche Anstellungen und übermäßig hohe Besoldungen weg, welch letztere übrigens meistens doch nur den Begünstigten zukommen, da das Talent in der Regel mehr unterdrückt als hervorgehoben wird, weil es eher verschmäht, der Macht unterwürfig zu sein als die Mittelmäßigkeit. Wie ist es aber denkbar, dass unter der Monarchie, unter der Herrschaft von Leuten, die sich in ihrer Lage so wohl befinden, ein Wust von sogenannter Wissenschaft und dem darauf gebauten Machwerk, Gesetze und Verordnungen genannt, abgeschafft werden, wenn nicht das Volk durch die Männer seiner Wahl dies bewirkt. Wie ist es aber denkbar, dass je das Volk dazu komme, die Gesetze durch die Männer seiner Wahl machen und vollziehen zu lassen, als unter der Republik. Die Hauptschutzwehr der jetzigen Gesetzgebung, der Hauptwall für das stehende Heer der Beamten und für die hohen Besoldungen der »höheren« Staatsdiener, wird daher stets sein: die Monarchie.

Das Heer der Pensionäre.
Aus dem gleichen Grund, welchem das Heer von Beamten und die hohen Besoldungen entsprießen, wächst auch das Heer der Pensionäre. Wenn die Leute 15–20 Jahre darangesetzt haben, zu einer Staatsanstellung zu gelangen, so wollen sie für den gehabten Aufwand an Zeit und Geld auf der

anderen Seite auch Sicherheit haben gegen willkürliche Entlassung, von welcher Seite dieselbe auch veranlasst werden möchte. Daher die Staatsdienerpragmatiken, welche im Laufe der Zeit zu einer wahren Landplage geworden sind, weil auf ihren Grund hin nicht allein eine Menge Leute, deren Untauglichkeit im Staatsdienst sich erwies, sondern auch gar viele, welche bei voller Befähigung dem Staat noch gerne länger gedient hätten, auf den Pensionsetat gesetzt wurden, um anderen nachdrängenden oder begünstigten Anstellungslustigen Platz zu machen.

Bei einem Gesetzgebungssystem, welches so große Vorauslagen bis zur Befähigung zum Staatsdienst erfordert, ist die Abschaffung des Pensionswesen ohne große Härten nicht denkbar, weil die entlassen werdenden Beamten, welche zu keinem anderen Lebensberufe sich befähigt haben, gleichsam als Bettler in die Welt gestellt wären, was aber nicht der Fall sein wird, wenn vier- bis höchstens sechsjährige Amtsdauer eingeführt wird, die Beamten meistens in dem Kreis ihrer Heimat gewählt werden und in der Regel nicht genötigt sind, ihrem Beruf zu entsagen, weil der größte Teil derselben nur zeitweilig sich der Amtstätigkeit zu widmen braucht, wie z. B. die Bezirks- und Kreisgerichte und die Geschworenen.

Allein das Hindernis, diese einfache Gesetzgebung herbeizuführen, die Beamtenwahl in die Hand des Volkes zu legen und den Pensionsetat ganz zu beseitigen, ist wieder das alte. Die Beamtenwahl wird als Thronrecht beansprucht, das volkstümliche Prinzip steht im Widerspruch mit demselben, wir scheitern wieder an den Ansprüchen der Monarchie!
(...)

Die Zivillisten und Apanagen

Durch jene berüchtigte Finanzwissenschaft, welche unter dem unschuldigen Titel: »mittelbare (indirekte) Abgaben« ein ins tiefste Mark des Bürgers eindringendes Aussaugungssystem erfand, wurden die Zahlen der Staatseinnahmen auf eine Höhe getrieben, die man 30 Jahre früher auch nicht annähernd für erschwingbar gehalten hätte. Dies allein konnte auch Veranlassung sein, die Zivillisten und Apanagen der fürstlichen Familien auf eine Höhe zu schrauben, die in einem wahrhaft schrecklichen Gegensatz steht zu der herben Not so vieler Tausende in allen Staaten; von jenen Unglücklichen an, welche armutshalber von jeder Erziehung ausgeschlossen, sozusagen in der Wiege schon zu Verbrechern und Taugenichtsen bestimmt sind, bis zu jenen, welche in Schlesien an der Hungerpest starben.

An die beträchtliche Verringerung oder gar Abschaffung dieser großen Staatslast ist natürlich am wenigsten zu denken bei dem Fortbestand der Monarchie. (...) Man mag vielleicht einwenden, auch die Republik werde die Lasten nicht plötzlich wegblasen können; man werde die Beamten und Pensionäre nicht totschlagen oder dem Hungertod preisgeben. Und wir antworten darauf: Allerdings wird dies nicht geschehen. Man wird, indem man dem Elend eines Teils der Staatsangehörigen abzuhelfen sucht, nicht einen anderen an seine Stelle setzen (...).

Wenn die Lasten bloß dem Armen und Arbeitenden abgenommen und auf die Besitzenden überwälzt werden in ihrer ganzen jetzigen Größe, so werden die Besitzenden in 25 Jahren ebenfalls verarmt sein. Dieses Kunststück zu bewirken, ist nicht unsere Absicht. Unser Wahlspruch war

von vorneherein: Freiheit, Bildung, Wohlbehagen, Gerechtigkeit für alle. Diese Ansprüche aber können nur verwirklicht
werden, wenn die Monarchie der Republik, die Fürstenherrschaft der Volksregierung weicht. – Wer besseren Rat weiß,
der gebe ihn.

DIE FORTSCHRITTE
DER DEUTSCHEN REPUBLIK

Es war etwa im ersten Drittel des Monats Januar dieses Jahres, als ich dem gegenwärtigen Bundestagsgesandten Welcker erklärte, dass in der Republik allein die Rettung Deutschlands liegt. Bis dahin hatten wir beide nur als aufrichtige Konstitutionelle verkehrt.[53] Zu meinem Erstaunen widersprach Welcker in seiner Erwiderung meiner Ansicht keineswegs, sondern bemerkte mir, als ich ihm sagte, mehrere meiner Freunde hielten ihn für einen unverbesserlichen Konstitutionellen: »Wartet nur, bis der Augenblick für die Republik kommt, dann wollen wir sehen, ob ich so unverbesserlich bin.« Es war gegen Ende desselben Monats, als ich dem damaligen Bundestagsgesandten, Freiherren von Blit-

---

[53] Das ist ironisch gemeint. Tatsächlich hatte Fickler in den Seeblättern bis 1842 eher liberale Positionen vertreten und über das Wirken der Zweiten Kammer, als neuem demokratischem Element in der Monarchie durchaus wohlwollend berichtet. Noch 1842 hatte er selber bei den Wahlen zur Zweiten Kammer kandidiert, war jedoch gescheitert. In der Folge hatte er sich zunehmend radikalisiert. Ein konstitutionelles Gepräge, davon war er nun überzeugt und sah sich durch die Praxis der Zweiten Badischen Kammer bestätigt, würde die Monarchie nur stabilisieren und eine demokratische Erneuerung verhindern.

tersdorff[54], auf seinem Zimmer zu Frankfurt[55] unverhohlen sagte: dass die Republikaner mit ihren Reformplänen allein auf einem vernünftigen Boden stehen, weil sie eine große Einheit, eine starke Freiheit anstreben. Und nachdem der ergraute Diplomat ein Wort der Verwunderung ausgedrückt, dass ich ihm das ins Gesicht sage, pflichtete er meiner Ansicht bei, soweit sich dies von einem Mann in seiner Stellung nur immer erwarten ließ; er gestand mir zu, dass die Republikaner die Konsequenz des Gedankens für sich hätten.

Am 7. März d. J. sprach ich mit Wecker wieder über die Notwendigkeit, nun zur republikanischen Regierungsform zu greifen, und fand so wenig Widerspruch bei ihm, dass er auf meine Bemerkung: sein Staatslexikon könne er dann immerhin noch in den Käse-Läden absetzen, sich damit trös-

54 Friedrich Freiherr von Blittersdorff (1792–1861) war ein führender konservativer Politiker, 1835 badischer Außenminister, 1839–1844 Regierungschef, der sich massiv für den Deutschen Bund und für eine Stärkung des monarchischen Prinzips einsetzte.

55 (Fußnote im Original) Um eine Hetzerei des Polizeioffiziers Beer in Frankfurt auszuweichen, musste ich das Einschreiten des Herrn von Blittersdorff anrufen. Obschon ich ohne polizeiliche Ausweispapiere war und der Gesandte mich persönlich zuvor nicht gekannt hatte, entsprach er auf einige vorgezeigte Privatbriefe doch sogleich meinem Wunsch in der zuvorkommensten Bereitwilligkeit; was ich bei diesem Anlass umso mehr mit dankbarer Anerkennung ausspreche, als wir in politischer Beziehung uns von jeher scharf gegenüber gestanden und ich ihm beim ersten großen Wahlkampf in Baden (im März und April 1841) so rücksichtslos als erfolgreich in Wort und Schrift angegriffen. Auch weil sein Benehmen im grellen Gegensatz steht mit den ungesetzlichen Schritten mehrere jetziger badischer Staatsmänner gegen mich, die früher teils als politische, teils als persönliche Freunde in der entschiedensten Richtung mit mir einverstanden waren und wirkten.

tete, dass ihm Österreich zum Absatz sich öffnen werde, welches immer noch nicht so weit voran sei als wir Süddeutsche.

Die Republik bedarf allerdings der Anerkennung des Herrn von Blittersdorff und der Zustimmung des Herrn Welcker nicht, sie muss sich auf das Volk und innere Gründe stützen können; aber uninteressant ist es jedenfalls nicht, das Urteil dieser 2 politischen Gegenfüßler in derselben und in ganz veränderter Zeit über eine Staatseinrichtung zu vernehmen, deren Auftreten die ganze monarchisch gesinnte Welt in Todesangst versetzt, und gegen welche Welcker, kaum dass er Bundestagsgesandter geworden, alle Kartuschen und Giftschlangen aus seiner konstitutionellen Rumpelkammer fahren lässt, doch ohne die republikanischen Scharfschützen zu erschrecken.

Am 9. März sprach ich in Stockach vor einer Volksversammlung von der Notwendigkeit der Einführung der Republik, was sogleich mit lautem Beifallssturm aufgenommen wurde; – am 11, wenn ich mich nicht irre, brachte ich dieses Thema zuerst in die Seeblätter, und am 13. hielt ich in denselben schon eine kleine Musterung der Fürsten, worüber das badisch-deutsche Glanzministerium mich sogleich einstecken lassen wollte. Nun folgten die Volksversammlungen Schlag auf Schlag, und Bürger und Bauer jauchzten in aller Deutlichkeit der Republik entgegen, auch wenn die unglückselige diplomatisierende Hohlköpfigkeit mit Teufelsgewalt leere Redensarten in das tatbereite Volk bei der Versammlung in Offenburg eintreiben wollte; an allen Enden und Ecken trat doch auch dort die Republik heraus, und vorher und nachher konnte die Halbheit und Feigheit keine konstitutionelle Volksversammlung mehr zustande bringen, damals höhnten verkaufte Seelen von einer Republik Seekreis; allein schon das Frankfurter Vorparlament zeigte, dass die Idee eine deutsche Bedeutung habe. Die Heckersche Erhebung und deren Ausgang ist bekannt. Ich werde später auf die Ursachen des Misslingens zurückkommen, einstweilen stimme ich ganz mit dem Urteil des »Deutschen Zuschauers«[56], dass dieses Misslingen der republikanischen Sache viel größere Dienste geleistet, als wenn der Badische Kanton zur Deutschen Republik ohne Schwertstreich und Schuss gegründet worden wäre. Die Sache hat nun ihre Märtyrer, das badische Volk hat die Männer des Worts von jenen der Tat zu unterscheiden gelernt, die Verfolgungen der Republikaner und die Schmähungen derselben durch die ministerielle Presse haben der Sache Jünger in ganz Deutschland geworben; das vergossene Blut wirkt wie Impfstoff in den Adern deutscher Bürger zur Ertötung der monarchischen Gefühle. In Holstein, in den sächsischen Herzogtümern, im Königreich Sachsen, in den meisten preußischen Provinzen, in beiden Hessen, in Württemberg, den hohenzollernschen Fürstentümern, selbst in Österreich, wenngleich hier vielleicht am wenigsten, zählt die Republik zahlreiche und entschlossene Anhänger, welche sich mehr und mehr zusammenscharen und Plan und Ordnung in ihr Streben bringen; – dies ist der Verlauf der Sache in etwa drei Monaten. Haben wir Grund, unzufrieden zu sein? Wohl wissen

56 Das Wochenblatt »Deutscher Zuschauer« war neben der »Mannheimer Abendzeitung« und den »Seeblättern« das wichtigste Organ der demokratisch-republikanischen Bewegung in Baden; sein Herausgeber war Gustav Struve, der mit Friedrich Hecker den bewaffneten Aufstand angeführt hatte.

wir es zu würdigen, dass gesprochen noch nicht gehandelt ist, denn wenn der vierte Teil jener, welche in Baden gerufen haben, »mit Wut und Blut!« zu handeln gewusst hätten, so wäre ein ganz anderes Ergebnis herausgekommen. Allein jede Sache will ihre Zeit und ihre Schule haben; der Deutsche ist etwas bedächtig und schwerfällig, auch hat er zu viel von jener sogenannten Klugheit, d. h. Schlauigkeit, Pfiffigkeit, welche ihn aufs Diplomatisieren verweist; dagegen, wenn er eine Sache einmal in seinem Gemüt aufgenommen, sie liebgewonnen und seinem Interesse angemessen gefunden hat, dann zieht man sie ihm mit zwanzig Pferden nicht mehr aus dem Herzen. Wäre die konstitutionelle Staatsform nicht eine Verneinung in sich selbst, und wären mehr tatkräftige Leute in den Kammern gewesen als Schwätzer und Ränkemacher, das Volk hätte sich ihr längst mit mehr Liebe angeschlossen.

Die Republik, Abschaffung kostspieliger Fürsten und teurer Regierungseinrichtungen, Selbstregieren, das ist ein so einfacher, dem Volk in Fleisch und Blut übergehender Gedanke, dass ihn der Deutsche sicherlich zu Ehren und praktischer Geltung bringt. Auch bin ich überzeugt, dass er sich in dieser Staatsform mit weit mehr Sicherheit bewegen wird als der Franzose, weil schon seine Gemeindeverfassung ihm Übung im republikanischen Leben gegeben hat, und er derselben überhaupt mehr das Wertvolle, den Kern, abzugewinnen wissen wird, als die Schale, welche der Franzose so gern zur Schau trägt. Freilich erringt der Franzose leichter die Republik als der Deutsche, weil er mehr Mut zum Angriff hat, und Beleidigungen und Misshandlungen viel weniger sich gefallen lässt als der Germane, (weil er) auch ein

Paris hat, welches solche Eroberung mit einem Schlag gestattet, aber auch ebenso schnell gefährdet. Im Ganzen genommen dürfen wir, wie ich glaube, mit gutem Trost in eine republikanische Zukunft sehen, ob die Reichsversammlung die Schöpferkraft habe, dieselbe aus sich herbeizuführen oder nicht. Auch dürfen wir mit Genugtuung auf die bisherigen Erfolge blicken, nur müssten wir nicht vergessen, dass allein die angestrengteste Tätigkeit uns zum Ziel führen wird.

ANHANG

DREI TEXTE AUS DEM »KONSTANZER WOCHENBLATT«[57] (1833)

Grundsätzliches[58]

Schlechte Obrigkeiten, schlechte Schulen, unwissende Seelsorger sind gewöhnlich die Grundübel einer verwahrlosten Gemeinde. Jedes dieser Übel ist die Mutter des anderen, eines findet in dem anderen Bestand und Pflege. Wo das Schlechte bei der Obrigkeit nicht lebhaften Widerstand findet, kann kein guter Lehrer, kein guter Geistlicher bestehen, er nimmt den Stab und schüttelt den Staub von den Füßen, und kein anderer kommt, dem es so gefällt.

Die Folgen, welche hieraus entstehen, sind allzu bekannt, sie liegen vor unseren Augen in manchem traurigen Beispiel, und trotz aller Mühe, die man sich schon gab, um sie auszurotten, gelang es noch nicht überall, und eine Generation wird schwerlich hinreichen, sie zu vertilgen. Aberglauben, Unglauben, Unwissenheit, Dünkel, Bestechlichkeit, Verschmitztheit, Verletzung der heiligen Familien- und Gesellschaftspflichten sind einige der allgemeinen Bezeichnungen der in diesem Zustand gewöhnlich herrschenden Laster. Jedes teilt sich wieder ins Unendliche, jedes streut reichlich Samen aus, und eine volle Ernte fehlt nie, denn das Unkraut

---

57 Drei Beispieltexte aus den publizistischen Anfängen Joseph Ficklers lassen bereits sein journalistisches Selbstverständnis klar erkennen. Noch war er längst kein radikaler Demokrat, prangerte aber unerschrocken die Missstände in seinem Nahbereich und die dafür Verantwortlichen an, wodurch er unweigerlich in Konflikt mit den Zensurbehörden geriet (siehe »Über die Zensur« zu Beginn dieses Bandes).

58 Konstanzer Wochenblatt vom 31. Januar 1833.

düngt sich selbst und gedeiht leichter als Weizen. Vorzüglich in Landgemeinden kann dieser Zustand von schrecklicher Ausdehnung werden, weil nicht vielfältigere Bildung demselben Grenzen setzen kann. Dies sind die sittlichen Nachteile, die aus den drei Hauptübeln entstehen, von welchen aber vorzüglich die Obrigkeit die Grundwurzel ist.

Verschleuderung des Gemeindeguts, Vernachlässigung der Gerechtsamen, Erwachsung neuer Lasten, Verschuldung, Prozesse sind die finanziellen Übel, die gewöhnlich die Begleiter der sittlichen sind. (…)

Der tragische Tod eines armen Spitälers[59]

Vor einiger Zeit hatte ein schon siebzigjähriger Spitäler dahier das Unglück, in den Rhein zu fallen. Ein junger Bürger kam zufällig an die Stätte und war im Begriff, mit einem Gefährten den (…) Ertrunkenen bei den Haaren zu fassen und herauszuziehen, als ein gerade in der Nähe sich befindender Schiffmacher ihnen zurief: »Lasst ihn drin bis der Bürgermeiste kommt, sonst müsst ihr Strafe bezahlen!«

Und siehe da, das Unerhörte geschah; sie standen von ihrem Vorhaben ab, ließen den Verunglückten im Wasser und warteten dabeistehend, bis der Bürgermeister komme, was etwa nach einer halben oder dreiviertel Stunde erst der Fall war. Dann erst zogen sie, von des Bürgermeisters Vorwürfen überhäuft, den Ertrunkenen heraus.

Sollte man im Jahre 1833 es für möglich halten, dass Einwohner einer badischen Stadt noch in solcher Unwissenheit und Unkunde des Gesetzes versunken sind, dass sie glauben

59 Konstanzer Wochenblatt vom 14. Februar 1833

können, es gäbe so ein barbarisches Gesetz, dass Menschen-
rettung mit Strafe belege. – Das kommt daher, dass in den
Lehranstalten außer ganz allgemeinen Hinweisen im Hinblick auf die Rechte und Pflichten des Staatsbürgers nichts
geschieht. (…)

Straßenpflaster statt Kanonen[60]

In der Gemeinderatssitzung vom 2. März 1833 wurde die Fertigung von zwei Kanonen für die hiesige (freiwillige) Artille-
rie-Kompagnie beschlossen. Außer einigen Gründen, welche
die Zensur dem Publikum nicht gedruckt vor Augen legen
lässt, beförderte diesen Beschluss vorzüglich der Umstand,
dass der alte Magistrat und Ausschuss diese Anschaffung
zugesagt hatten. Es war zwar recht und billig, dass ein-
gegangene Verbindlichkeiten erfüllt werden, (…) aber es
sollte das Notwendige vor allem anderen den Vorzug erhalten. Unsere jetzigen finanziellen Verhältnisse treten überall
hemmend in den Weg. Von den Ergebnissen des nächsten
Landtages dürfen wir zuversichtlich die Übernahme einer
bedeutenden Summe unserer Stadtschulden auf die Staatskasse als gerechte Entschädigung für entzogene privatrecht-
liche Gefälle erwarten. Wäre es nicht klug gewesen, mit der
Anschaffung der Kanonen noch einige Zeit abzuwarten und
den dafür bestimmten, nahe an 1000 Gulden sich belaufen-
den Betrag, für Notwendigkeiten zu verwenden? Oder sind
vielleicht keine solchen Notwendigkeiten vorhanden? Wir
glauben doch! Die Verlängerung der Kloakengewölbe wäre
gewiss notwendig gewesen, wenn anders man zugibt, dass

60 Konstanzer Wochenblatt vom 7. März 1833

dadurch der Abfluss einer die Luft wahrhaft verpestenden Unratsmasse befördert worden wäre. Auch die Pflasterung der Straße vom Schlachttor bis zum Anfang der Rossgasse (jetzt Huetlinstraße) wäre weit dringender als die Anschaffung von Kanonen. Selbst die Fertigung neuer Fenster in das Rathaus würde unsere Stadt besser zieren und wäre notwendiger als diese schrecklichen Geschütze, mit denen unsere Artilleristen bald die ganze Gegend erdröhnen machen werden. Noch vieles ließe sich hier anführen, müssten wir nicht auch etwas auf später sparen.

BIOGRAFISCHE NOTIZ

Eine biografische Annäherung an Joseph Fickler stößt schnell auf Ambivalenzen. Während er in der historischen Erforschung der 1848er Revolution eher eine Randfigur blieb[61], der die Bühne gern seinen »verwegenen«, mit Schlapphut und Patronengurt auftretenden Mitstreitern, wie Friedrich Hecker und Gustav Struve, oder dem weltweit geachteten Philosophen Arnold Ruge überließ, maßen ihm insbesondere seine politischen Gegner eine ganz andere Bedeutung zu. Nach Ansicht etwa des Legationssekretärs beim preußischen Gesandten in Karlsruhe, Siegmund Lucas von Arnim, Sohn von Achim und Bettina von Arnim, der mit den Verhältnissen vor Ort wohlvertraut war, stand Fickler gar »an der Spitze der werdenden Republik«[62]. Dies ist eine auf den ersten Blick durchaus irritierende Äußerung über einen allgemein höchstens als politische »Provinzgröße« geltenden Publizisten, dessen Ambitionen über den Konstanzer Seekreis nie erkennbar hinausreichten. Fickler suchte keine überregionale Prominenz, sondern die Nähe zu »seinen Leuten«, den Seebauern, Kleinbürgern und Handwerksgesellen, deren »Gefühle und Meinungen« er »mit Glück in Druckerschwärze zu übersetzen« versuchte, wie Karl Marx ironisch anmerkte.[63] Dieser »Volksmann« als Anführer einer

61 Vgl. Norbert Deuchert: Vom Hambacher Fest zur badischen Revolution, Stuttgart 1983, S. 133.
62 Ebd., S. 135.
63 Karl Marx, Friedrich Engels: Die großen Männer des Exils, in: MEW, Bd. 8, S. 316 – eine Schmähschrift, in der sich die Autoren mit unverhohlener Bosheit über exilierte »kleinbürgerliche Demokraten« lustig machen (auch Fickler wanderte im Winter 1851/52 in die USA aus).

badischen Republik? Wer war dieser heute weithin unbekannte Mann?

Joseph-Ferdinand Fickler wurde 1808 als eines von dreizehn Kindern von Jakob und Eva Fickler, geb. Knäble, in Konstanz geboren. Über seine Kindheit, Schulzeit und Jugend ist wenig bekannt, eine höhere Schulbildung war ihm aufgrund der Mittellosigkeit seiner Familie nicht möglich. Quelle der wenigen verfügbaren Informationen zur Familiengeschichte ist eine von einer Urenkelin eines Bruders Joseph Ficklers verfasste »Généalogie des Fickler de Konstanz«[64], aus der unter anderem hervorgeht, dass die früher aus Tirol zugezogene Familie vormals durchaus reich gewesen sein muss, das Familienvermögen aber durch Fehlspekulationen und/oder Verschwendung des Vaters Jakob Fickler verloren hatte. Relikt aus ehemals besseren Zeiten blieb ein Kabinett vor allem kirchlicher Antiquitäten, das der umtriebige Joseph Fickler später gegen ein kleines Entgelt zugänglich machte und damit wohl über Jahre nicht nur seinen Lebensunterhalt, sondern auch die stets zuschussbedürftigen »Seeblätter« (mit-)finanzierte. Zunächst aber muss sich der junge Fickler hart arbeitend durchschlagen. Er beginnt eine Kaufmannslehre, wird Lagerverwalter, versucht sich als Makler – und wird dabei als »Kleinbürger« zweifellos für all die Ungerechtigkeiten und Benachteiligungen sensibilisiert, denen sich Leute wie er – also die meisten Menschen seiner Zeit – durch Adel und Großbürgertum ausgesetzt sehen. Dagegen beginnt er aufzubegehren, lässt sich in den Konstanzer Bürgerausschuss wählen und vertritt

64 Vgl. Norbert Deuchert, a.a.O., S. 136.

dort vor allem die Belange der sogenannten kleinen Leute, wodurch er, als Kommunalpolitiker, bald in ganz Südbaden zu einer Institution wird.

Aber Fickler, ganz Volksmann, möchte nicht nur stellvertretend für andere kämpfen, er will kein Anführer, Patriarch oder politischer Funktionär sein, ihn treibt eher das politisch-pädagogische Ethos, die breiten Volksschichten, die Bauern, Handwerker und Arbeiter aufzuklären und zu ertüchtigen, damit sie selbst politisch aktiv werden; denn nur durch sie, den »Kern des Volkes«, so sein frühes Credo, könnten »die Reformideen im Staatsleben praktisch werden«[65].

Dieser Mission verschreibt sich – im Wortsinne – Fickler nun voll und ganz. Schon im Alter von 24 Jahren gibt er 1832 das kämpferische »Konstanzer Wochenblatt« heraus und übernimmt nur fünf Jahre später, 1837, die Redaktion der ein Jahr zuvor gegründeten »Seeblätter«, des zu diesem Zeitpunkt einzigen Oppositionsblattes in Baden – das zu seinem publizistischen Lebensprojekt wird. Von vornherein geht es ihm darum, nicht zu theoretisieren und das Wünschenswerte auszumalen, sondern das Notwendige und »Machbare« kenntlich werden zu lassen und das politische Geschehen »dem Bürger- und Bauernstand zugänglich und verständlich« zu machen.[66] Dabei waren er und das Blatt zwar stets kritisch, aber zunächst durchaus »loyal«. Mit der 1818 beschlossenen und 1819 eingeführten Aufteilung der Badischen Ständeversammlung in zwei Kammern – dem Oberhaus und der eigentlichen Volksvertretung – verfügte Baden über das liberalste Kammerparlament im Deutschen

65 Seeblätter Nr. 150, 18. 12. 1842.
66 Seeblätter, ebd.

Bund. Durch ein ebenfalls freizügiges Wahlrecht wurden in der Folge gewichtige oppositionelle Stimmen (etwa Johann Adam von Itzstein, Carl Theodor Welcker oder Friedrich Hecker) parlamentarisch hörbar. Nach Ansicht des Fürsten von Metternich, Außenminister und ab 1821 Staatskanzler des Kaisertums Österreich, fanden sich in der badischen Zweiten Kammer »unleugbar die ausgeprägtesten Demagogen Deutschlands wieder«.

Joseph Fickler verfolgte die Arbeit dieser »Demagogen« in seinen »Seeblättern« anfangs journalistisch wohlwollend. Er berichtete über Debatten, Verhandlungen, Gesetzentwürfe und machte damit Politik für viele erstmals erfahrbar, sah sich aber zunehmend desillusioniert. All den hochmögenden, fordernden Parlamentsreden folgten so gut wie keine Taten, die Zweite – bürgerliche – Kammer blieb weitgehend machtlos, das letzte Wort behielten stets der Fürst und die vom Adel dominierte Erste Kammer, das Oberhaus. Ficklers Berichterstattung über die Zweite Kammer wird zunehmend ungeduldiger, fordernder, kritischer. Als er sich dann 1842 schließlich selbst in die Zweite Kammer wählen lassen will, um direkter Einfluss zu nehmen, wird seine Kandidatur von führenden Liberalen verhindert, die ihn wohl von der öffentlichen Rednertribüne fernhalten wollen.[67] Also macht Fickler kurzerhand die »Seeblätter« zu seiner »Tribüne« und übt dort – stets im Kampf gegen die Zensur – immer

---

67 Vgl. Deuchert, a.a.O., S. 148. Der Vorgang selbst, so Deuchert, ist im Detail nicht rekonstruierbar. Die Indizien weisen jedoch auf eine Einflussnahme etwa von führenden Kammer-Abgeordneten wie Itzstein und Welcker sowie dem gemäßigt-liberalen Kammerpräsidenten J. B. Bekk hin.

schärfere Kritik an seinen einstigen politischen Mitstreitern: »Weil uns zehn Jahre des Zusagens und Nachgebens nicht weitergebracht haben (…), darum wollen wir es einmal auf die Probe ankommen lassen, was eine unerschütterliche Kammermehrheit im Sinne des Fortschritts zu bewirken vermöge (…).

Hat sie in zehn Jahren sich nicht besser erprobt als das Justemilieu, dann wollen wir diesem wieder den Vorzug geben, weil bei seiner Politik der Kopf nicht zu sehr angestrengt und die Lebenstätigkeit nicht zu sehr in Anspruch genommen wird. Etwas wollen und die Mittel zurückweisen, womit es zu erreichen ist, das zeugt von Schwäche und Feigheit, Stumpfsinn oder Lüge. Wenn irgendein deutscher konstitutioneller Staat geeignet ist, die Verwandlung verfassungsmäßiger Verheißungen in wirkliches Leben zu bewerkstelligen, so ist es Baden.«[68]

Schon ab 1842 fordert Fickler unverhohlen eine legale Revolution mit »verfassungsmäßigen Mitteln«, denn mit den Fürsten und den Konstitutionellen, die auf ein »Arrangement« mit der monarchischen Macht setzen, sei kein demokratischer Staat zu machen. Auch anderswo setzt im Jahr 1842 eine Radikalisierungswelle ein. Arnold Ruge und Karl Marx bereiten ihre radikal-philosophischen »Deutsch-Französischen Jahrbücher« vor, in Köln erscheint die links-oppositionelle »Rheinische Zeitung« von Karl Marx, in Sachsen schlägt Robert Blum[69], der später gemeinsam mit Joseph Fickler für die »deutsch-katholische« Bewegung eintritt, in seinen »Sächsischen Vaterlandsblättern« immer radikalde-

68 Seeblätter Nr. 57, 26. 04. 1844.
69 Siehe den Robert Blum-Band dieser Edition.

mokratischere Töne an. War Fickler in seiner schärfer werdenden Kritik anfangs noch politisch isoliert, so findet er in der Folge, auch durch die andernorts heftiger werdenden Kämpfe innerhalb der liberalen Opposition (Demokraten vs. »liberale« Konstitutionelle), für sein konsequentes Demokratie-Verständnis immer größere Unterstützung.

Dies kulminierte schließlich in den überwältigenden Offenburger Volksversammlungen vom 10. September 1847 (»Offenburger Programm«) und vom 19. März 1848, auf denen sich zigtausende Menschen offen gegen die Monarchie stellten und die Installierung einer möglichst gesamtdeutschen Republik forderten. Nicht mehr auf Vereinbarungen hoffen, sondern die Konfrontation wagen! Angesichts der nun überall vorgebrachten »Forderungen des Volkes«[70] wankten die Fürstenhäuser und gaben – scheinbar – nach (Vorparlament, Märzregierungen, Nationalversammlung), während sie hinter den Kulissen ihre Kräfte sammelten. Denn dieses Nachgeben, das war zweifellos absehbar, spaltete die demokratische Bewegung. Republik ja! Aber der Weg dahin war umstritten.

Für Joseph Fickler war die Sache klar: Obwohl Pragmatiker und für taktische Konzessionen stets aufgeschlossen, erkannte er spätestens im März 1848 das Momentum und plädierte während der Offenburger Versammlung für die sofortige Ausrufung der (badischen) Republik; die anderen deutschen Länder würden diesem Beispiel dann schon folgen. Damit meinte er dezidiert keinen gewaltsamen Aufstand, sondern gewissermaßen einen Volksentscheid, der

---

70 Siehe den gleichnamigen Band dieser Edition.

eine militärische Auseinandersetzung gleichwohl in Kauf nahm. Das »Volk«, die Mehrheit der Menschen, stand zu diesem Zeitpunkt hinter den Demokraten. Wann, wenn nicht jetzt? Aber die beiden anderen populären Anführer der »Erhebung«, Friedrich Hecker und Gustav Struve, zögerten. Sie, die üblicherweise viel martialischer als Fickler auftraten, wollten – zumindest vorerst – nicht mit den Liberalen brechen und setzten auf das gemeinschaftlich geforderte und nur kurz darauf zusammentretende Vorparlament und die Frankfurter Nationalversammlung, um die Republik in allen deutschen Ländern gleichzeitig auf parlamentarisch-legitimem Weg durchzusetzen.

Für Fickler, erfahren genug in allen parlamentarischen Winkelzügen der Mehrheitsbildung, war das wohl reines Wunschdenken. Dennoch beugte er sich dem Widerstand von Hecker und Struve. Das muss für ihn durchaus bitter gewesen sein. Denn Fickler hatte im Vorfeld der Offenburger Versammlung vom März 1848 auf einer mehrmonatigen konspirativen Reise – die vorgeblich dem Zweck diente, seine Emigration in die USA zu organisieren – auch die Option einer militärischen Konfrontation vorbereitet und sich die Unterstützung militärisch erfahrener Hilfskräfte in der Schweiz und in Köln gesichert – eine Unternehmung, die dem staatlichen Überwachungsapparat freilich nicht verborgen geblieben war.[71]

Nur wenige Wochen nach der Offenburger Versammlung, die die badische Regierung zweifellos in Sorge versetzt

71 Dies belegen inzwischen viele Quellen, die sich auf Gesandtschaftsberichte, Briefe und »Konfidentenberichte« stützen. Vgl. Deuchert, a.a.O., S. 262.

hatte, wird Joseph Fickler am 8. April in Karlsruhe verhaftet – auf Veranlassung ausgerechnet von Karl Mathy, einem einstigen Weggefährten und Förderer der »Seeblätter«, der sich als Kammerabgeordneter zu einem vehementen Fürsprecher der konstitutionellen Monarchie gewandelt hatte (siehe die Beiträge dazu in diesem Band). Nach dreizehnmonatiger Haft, währenddessen er die Leitung der »Seeblätter« nie ganz aus der Hand gibt[72], wird er im Mai 1849 freigesprochen und begibt sich gleich wieder in die politische Arena. Auf einer erneuten Volksversammlung in Offenburg wird er am 13. Mai in den Landesausschuss und am 1. Juni in die provisorische Regierung der nun ausgerufenen badischen Republik gewählt. Aber die »Reaktion« ist in vollem Gang. Nur zwei Tage später, am 3. Mai 1849, wird er in Stuttgart erneut verhaftet und auf der Festung Hohenasperg inhaftiert.

Mit der Einnahme der Festung Rastatt durch Bundestruppen unter preußischer Führung wird die Revolution am 23. Juli 1849 endgültig militärisch niedergeschlagen. Das Schicksal der »Seeblätter« ist schon vorher besiegelt, am 9. Juli 1849 erscheint die letzte Ausgabe. Joseph Fickler wird gegen Kaution freigelassen und flieht zunächst über die Schweiz nach England, bevor er im Winter 1851/52 in die USA emigriert.

Außer, dass er einige Zeit das bei deutschen Emigranten beliebte »Shakespeare-Hotel« in New York geleitet hat, ist über Ficklers USA-Jahre nur wenig bekannt. Hartnäckig hält sich bis heute – obwohl nie bestätigt – die denunzierende Behauptung, er habe während des Sezessionskrieges nicht

72 Vgl. Deuchert, a.a.O., S. 140.

etwa die Republikaner unterstützt, sondern sei als Verfechter der Sklaverei aufgetreten. Schwer vorstellbar. Und tatsächlich geht aus Briefen[73] hervor, dass das Gegenteil der Fall war.

Unabhängig davon: An Joseph Fickler schieden sich früh und lange die Geister. Im Nachhinein sind Wahrheit und Legende schwer zu trennen, zumal er selbst praktisch keine biografischen Zeugnisse hinterlassen, sich kein Denkmal gesetzt hat – weil er sich offenbar nicht so wichtig nahm. Deswegen sowie wegen seiner konsequenten Volksnähe, zu der sicher auch ein schwerer badischer Akzent gehörte, blieb Joseph Fickler im Kreis der Oppositionellen, den liberalen, häufig »junghegelianischen«[74] Akademikern und gelehrten Publizisten, lange ein politischer Außenseiter – von den meisten bis zuletzt unterschätzt. Nicht so von seinen politischen Gegnern, den Fürsten, Monarchisten und Konstitutionellen, die in ihm den mutmaßlich einflussreichsten Widersacher, die ihn »an der Spitze der werdenden Republik« sahen.

73 So schreibt beispielsweise Franz Siegel, ein enger Freund von Hecker und Struve, in einem Brief aus den USA, dass sich Joseph Fickler, »wie andere Achtundvierziger im Unionsheer bewährte«. Siehe Jörg Bong: Die Flamme der Freiheit. Die deutsche Revolution 1848/1849, Köln 2022, S. 203.

74 Den »junghegelianischen« Satz von Karl Marx: »Die Philosophen haben die Welt nur verschieden interpretiert. Es kömmt darauf an, sie zu verändern«, hätte Joseph Fickler vermutlich unterschrieben. Die theoretische Herleitung dieses Schlusses allerdings sowie die akademischen Debatten, die um seine Umsetzung geführt wurden – und die beispielsweise zwischen Karl Marx und Arnold Ruge, mit dem Fickler in Freundschaft verbunden war, zum trennenden Streit führten –, kamen dem »Seekreiser« seltsam realitätsfern und wenig zielführend vor.

Nach der Generalamnestie für alle 48er kehrte Joseph Fickler im September 1865, praktisch unbemerkt, in sein »Habitat«, nach Konstanz zurück. Er litt mittlerweile an Magenkrebs und starb nur gut zwei Monate später, am 26. November 1865, im Alter von 57 Jahren.

Rüdiger Dammann

EDITORISCHE NOTIZ

Die »Bibliothek der frühen deutschen Demokratinnen und Demokraten« versammelt deutsche Demokratinnen und Demokraten aus den Revolutionsjahren 1848/1849 mit einer Auswahl ihrer Texte. In diesem Zeitraum beginnt eine erste breite, eigenständige, genuin demokratische Bewegung in den 34 Staaten und 4 Freien Städten des Deutschen Bundes, ausgehend von Baden und dem gesamten Südwesten. Die hier formulierten demokratischen Ideen, Pläne und Programme zur Errichtung einer freien, demokratischen Bundesrepublik auf der Grundlage allgemeiner Wahlen, einer sozialen Marktwirtschaft, eines elaborierten Grundrechtskatalogs, der Gewaltenteilung – eingebunden zudem in einer Union der anderen freien europäischen Nationen – fundieren unsere heutige demokratische Gegenwart.

Da die hier vorgelegten Texte nicht Teil einer »wissenschaftlichen« Edition im strengen Sinne sind, sondern die »Bibliothek der frühen Demokratinnen und Demokraten« eine »Publikums-Edition« sein möchte, haben wir die Texte, den heutigen Lesegewohnheiten entsprechend, orthografisch und grammatisch an die gegenwärtig vertraute Rechtschreibung angepasst.

An der Auswahl der Texte und ihrer Übertragung aus dem Altdeutschen ins Hochdeutsche war Gabriele Gillen maßgeblich beteiligt; für Hilfe bei der Quellenbeschaffung danken wir Philipp Steiner. Editorische Anmerkungen waren im Falle Ficklers, der in seinen Artikeln immer auch zu tagesaktuellen Geschehnissen Stellung nahm, unvermeidlich. Sie bleiben dennoch auf ein Mindestmaß beschränkt und wurden nur dort vorgenommen, wo eine kurze Erläuterung (zum Beispiel bei der Nennung von Namen oder Ereignissen wie auch bei der Verwendung von heute nicht mehr gebräuchlichen Redewendungen) zum Verständnis des Textes erforderlich, mindestens hilfreich ist.

Zu den bereits im Abschnitt »Zur Textauswahl« geschilderten »editorischen Herausforderungen« im Falle Joseph Ficklers tritt eine weitere Besonderheit hinzu: die Schreibweise seines Vornamens. Fickler selber hat seine Texte nie mit vollem Namen gezeichnet, in der bislang spärlichen Literatur über ihn ist die Schreibweise uneinheitlich: »Joseph« oder »Josef«. Zeitgenössisch (auch in amtlichen Dokumenten) wurde die Schreibweise »Joseph« verwendet. Allerdings wurde dieser biblische Name im Laufe des 19. Jahrhunderts weitgehend durch »Josef« ersetzt, weshalb sein Name bei späteren Erwähnungen häufig mit »f« geschrieben wird. Da er jedoch zu seiner Zeit als »Joseph« gewissermaßen aktenkundig war, sind wir bei dieser »alten« Schreibweise geblieben.

QUELLEN

Über die Zensur | Aus: Hegau. Zeitschrift für Geschichte, Volkskunde und Naturgeschichte des Gebietes zwischen Rhein, Donau und Bodensee. Heft 2/1965.

Einige Bemerkungen über deutsche Sprache | Seeblätter Nr. 74, 26. März 1848. | *Zweiter Teil:* Seeblätter Nr. 79, 1. April 1848. | *Schluss:* Seeblätter Nr. 80, 2. April 1848.

Konstanz und die Judenfrage | Auszüge aus einer Artikel-Serie: Seeblätter Nr. 78 bis Nr. 99, Juli 1847

Über die Trennung des Staates von der Kirche | Seeblätter Nr. 13, 15. Januar 1848, Fortsetzung Nr. 14, 16. Januar 1848, Schluss Nr. 15, 18. Januar 1848.

Ein deutsches Parlament | Seeblätter Nr. 56, 5. März 1848

Prüft, eh' Ihr Weihrauch streut! | Seeblätter Nr. 57, 7. März 1848.

Was uns zuerst Not tut | Seeblätter Nr. 58 und 59, 8. und 9. März 1848.

Was wollen wir? | Seeblätter Nr. 60, 10. März 1848.

Das deutsche Bitten und Beten | Seeblätter Nr. 62, 12. März 1848.

Politische Balgwechsler | Seeblätter Nr. 66, 17. März 1848.

Ehret die Jugend! | Seeblätter Nr. 75, 28. März 1848.

34 Fürsten oder eine Republik? | Aus: Franz Xaver Vollmer: Offenburg 1848/49. Ereignisse und Lebensbilder aus einem Zentrum der badischen Revolution, Braun Verlag 1997, S. 81.

Die Volksversammlung zu Offenburg | Seeblätter Nr. 70, 22. März 1848/ Nr. 71, 23. März 1848/Nr. 72, 24. März 1848/Nr. 78, 31. März 1848.

Tagebucheintrag eines Offenburgers | Gebhard Gagg über den 19. März 1848. *Handschrift im Stadtarchiv Offenburg*

Deutschland | Seeblätter Nr. 80, 2. April 1848

Karl Mathy, weiland Abgeordneter der Stadt Konstanz, nunmehr entlarvt als verräterischer Gauner erster Klasse (*Von Franz Josef Egenter*) | Seeblätter Nr. 87, 10. April 1848.

Fickler's Verhaftung, Verdienst Mathy's (*Von Lorenz Brentano*) | Seeblätter Nr. 91, 15. April 1848. Nachdruck aus Mannheimer Abendzeitung.

Monarchie oder Republik? | Seeblätter Nr. 98, 24. April 1848.

Die Fortschritte der deutschen Republik | Seeblätter Nr. 159, 5. Juli 1848.

Drei Texte aus dem »Konstanzer Wochenblatt« | Aus: Hegau. Zeitschrift für Geschichte, Volkskunde und Naturgeschichte des Gebietes zwischen Rhein, Donau und Bodensee. Heft 2/1965.

NAMENSREGISTER

Bibliothek der frühen Demokratinnen und Demokraten 1848/1849

Alle Titel auch als E-Book erhältlich

2023 jährt sich das Revolutionsjahr 1848 zum 175. Mal. Zu diesem Jubiläum der »Deutschen Revolution« erscheint eine einzigartige Buchreihe, in der erstmals die frühen deutschen Demokratinnen und Demokraten mit ihren Schriften, Biografien, Gedanken und Geschichten versammelt und gewürdigt werden. Im Zentrum stehen die beiden Revolutionsjahre 1848/1849.

Die ersten 5 von 16 Bänden erscheinen im Frühjahr 2023. Die einzigartige Bibliothek ist eine offizielle Kooperation mit der Paulskirchen-Stadt Frankfurt am Main.

Herausgegeben wird die Buchreihe von Jörg Bong, Ina Hartwig, Helge Malchow, Nils Minkmar, Walid Nakschbandi und Marina Weisband.

edition paulskirche